Andreas Venzke

Die **Brüder Grimm** und
das Rätsel des Froschkönigs

Arena

Die Brüder Grimm

Kaum ein Name ist in Deutschland, ja in der Welt, so bekannt wie der der Brüder Grimm. Dabei werden sie eigentlich immer in dieser Form genannt: *Die Märchen der Brüder Grimm.* Angeblich ist kein deutsches Buch häufiger übersetzt worden. Für die, die sich für Sprache interessieren, ist ihr Name aber auch mit einem anderen Werk verbunden, dem *Deutschen Wörterbuch,* kurz dem *Grimm.* In dem einen beginnen die Texte meist so: „Es war einmal …" Ganz anders in dem anderen, wie hier beim Buchstaben F: „seiner gestalt nach digamma (doppeltes g), welches semitischem vau, also der spirans v gleich gesprochen wurde, wie auch lat. v häufig für gv, goth. q, ags. cv steht …" Zwei entgegengesetzte Pole machen das Werk der Brüder Grimm aus: volkstümlich und wissenschaftlich, wobei aber die Wissenschaftlichkeit ihr Leben bestimmte. Andere Titel von ihnen lauten: *Deutsche Rechtsaltertümer, Zur Literatur der Runen, Deutsche Mythologie.* Die Brüder Grimm wollten eigentlich das Wesen und die Ursprünge der deutschen Sprache ergründen. Sie wollten dazu beitragen, dem deutschen Volk zu einer Identität zu verhelfen. Dabei stießen sie auch auf die Märchen, die sie für im Kern wahre, ursprüngliche Geschichten aus dem deutschen Volk hielten. Das waren sie aber nicht, sondern eher eine Art Kunstprodukt, das erst die Brüder Grimm selbst schufen. Wie es dazu kam, das wird hier erzählt.

Eine heile Welt

Es ist in den Zeiten, wo das Wünschen längst nicht mehr hilft, da erblicken wir in dem hessischen Städtchen Hanau das Licht der Welt. Mein älterer Bruder Jacob ist nur 14 Monate vor mir geboren, am 4. Januar 1785. Mein Geburtstag ist der 24. Februar 1786. Mir kommt es so vor, als wäre Jacob von Anfang an der Stärkere. Ich bin immer wieder gar so krank. Jacob sagt mir schon als Kind, ich würde alles so behäbig machen. Wenn wir unterwegs sind, ermahnt er mich oft, einen Schritt zuzulegen. Er ist gar nicht verträumt. Auf jeden Fall mag er mich

sehr und ich ihn. Von Anfang an spüre ich, dass Jacob immer für mich da sein wird. Er gibt den Weg vor, auf dem wir zusammen unterwegs sind.

Dabei habe ich ja noch andere Geschwister, viele sogar: Nach Jacob und mir kommen Wilhelm Carl, Carl Friedrich, der mit fünf Jahren stirbt, Ferdinand Philipp, Ludwig Emil*, Friedrich, der schon mit einem Jahr stirbt, dann Charlotte Amalie, unsere einzige und geliebte Schwester, als Letzter Georg Eduard, der sogar schon mit nicht einmal einem Jahr stirbt. Aber Jacob ist mir einfach am nächsten, trotz seiner strengen Art. Nur mit ihm verstehe ich mich glänzend. Das liegt vielleicht daran, dass wir die beiden Erstgeborenen sind, nein, eigentlich auch wieder nicht: Das erste Kind meiner Eltern war auch ein Junge, Friedrich Hermann Georg. Er starb aber schon mit vier Monaten. Die Kindheit ist zu meiner Zeit die gefährlichste Phase im Leben. Erst wenn da alle Krankheiten überstanden sind, gibt es die Chance auf ein hohes Alter.

Unser Vater heißt Philipp Wilhelm und unsere Mutter Dorothea, mit Mädchennamen Zimmer. Der Vater ist Advokat. Auch die Mutter stammt aus einer Familie von Juristen. Die Ahnen der Grimms waren Geistliche. Auch wir Geschwister werden alle durch Tat und Beispiel streng reformiert* erzogen. Lutheraner, die in dem kleinen Landstädtchen mitten unter uns wohnen, sehen wir wie fremde Menschen an. Und wenn einmal Katholiken durchreisen, die schon an ihrer bunten Tracht zu erkennen sind, dann sind sie uns unheimlich.

Im hinteren Teil dieses Buches gibt es ein Glossar – dort sind die Erklärungen zu den Begriffen nachzulesen.

Bei uns herrscht Ordnung. Jacob hat das schon als Kind verinnerlicht. Ich mache ihm immer mal wieder Vorhaltungen, dass er nicht zu kleinlich sein soll. Aber ich spüre selbst, dass es im Leben nur mit guter Ordnung vorangeht. Gerade habe ich wieder meine Pantoffeln gesucht. Wie oft hat mich Jacob schon ermahnt, ich soll sie am besten unter die Ofenbank stellen. Das ist doch sowieso mein Lieblingsplatz, auf der Seite, wo oben die Porzellantafeln mit den Hirschen drauf sind. Dort sind sie auch gleich vorgewärmt. Während er sich sofort an seine Arbeit machen kann, muss ich erst Zeit mit Sucherei verschwenden. Er sagt, es hat fünf Minuten gedauert, wenn nicht sogar länger, ehe ich die Pantoffeln endlich gefunden habe. Unter dem schweren eichenhölzernen Sessel standen sie, den ich so sehr mag. Dort habe ich mir wieder all die Zeit die Tapete angeschaut, die unten mit braunen und grünen schießenden Jägern verziert ist. Ich mag alle die Dinge, die irgendwie alt und bequem und rührselig sind.

Unser Vater macht uns jeden Tag vor, was es bedeutet, Ordnung zu halten. Er wird bald Stadtschreiber in Hanau und erledigt in der kleinen Stadt die Amtsgeschäfte. Tagtäglich hat er mit Büchern und Akten zu tun, die alle immer sortiert und geordnet werden wollen. Seine Stube, sein Schreibtisch und vor allem seine Schränke stehen voll mit sauber gehaltenen Büchern. Wenn er ein Schreiben aufsetzt, kann ich nur staunen: Wie eine Maschine fährt seine Hand mit dem Federkiel über das Papier, bis es ohne Fehler vollgeschrieben ist. Ich versuche, das manchmal nachzumachen, aber male nur krakelige Linien. Jacob zeigt mir dann, wie man schönschreibt, obwohl er das auch noch nicht richtig kann. Der Vater lobt ihn oft dafür.

Jacob spielt sich aber auch ziemlich auf. Zu Tisch beim Essen merkt er als Erster, wenn jemand von uns Kindern gekleckert hat. Er ermahnt sogar den kleinen Ferdinand Philipp, sich sein Hemdchen nicht schmutzig zu machen. Da hilft es auch nicht, wenn die Mutter sagt: „Das versteht der noch gar nicht. Er ist doch noch so viel kleiner wie ihr." Da sagt er aber gleich und ist ganz empört: „Er ist kleiner als wir, heißt das." Besonders die Sprache liegt ihm sehr am Herzen. Er fragt immer, woher irgendwelche Wörter kommen, auch wenn ihm das kaum mal einer sagen kann.

Neulich hat meine Mutter ein Märchen erzählt, das sie von der Nachbarin aufgeschnappt hat. Da fragt Jacob plötzlich: „Woher kommt eigentlich das Wort ‚Märchen'?"

Die Vater runzelt die Stirn und sagt: „Das muss von ‚Mär' kommen, wie in dem Lied von Luther: ‚Vom Himmel hoch.' Da heißt es: ‚Ich bring euch gute neue Mär.' – ‚Mär' ist irgendwie eine Nachricht, eine Geschichte. ‚Mär-chen' also eine kleine Geschichte."

„Und woher kommt das Wort ‚Mär'?", fragt Jacob weiter.

Die Eltern zucken nur mit den Achseln. Da sagt Jacob: „Wenn die Leute sich früher Geschichten erzählten, haben sie das bestimmt laut getan. Das Wort ‚Mär' macht das nach."

Und Jacob ruft: „Mär! Mär!" Unser Bruder Wilhelm Carl rennt plötzlich im Zimmer umher und macht „Mäh!", „Mäh!" wie ein Schaf. Als alle lachen, läuft Jacob aus dem Raum und schmeißt die Tür hinter sich zu.

Er kann sehr rechthaberisch sein.

Er selbst kleckert beim Essen eigentlich nie. Wenn es doch passiert, legt er leise den Löffel zur Seite und wischt irgendwelche Tropfen, die etwa von der Suppe danebengegangen sind, heimlich auf.

Im Jahr 1791 ordnet sich unser Leben ganz neu: Da wird der Vater nach Steinau versetzt, wo er zum Amtmann ernannt wird.

Im Januar rumpeln zwei Kutschen, beladen mit Möbeln, Büchern und uns Kindern, in dieses abgelegene Städtchen. Ständig brüllt in der Kälte unser Brüderchen Ludwig Emil, der erst am 24. Februar geboren ist. Steinau ist gar herrlich gelegen, ganz wiesenreich und mit schönen Bergen umkränzt.

Vom Ursprung der Märchen

Die Märchen, wie sie Jacob und Wilhelm Grimm schaffen sollten, lassen sich ohne die Zeit der Romantik nicht denken. Diese Art von Geschichten hatte es zwar immer gegeben, doch musste erst die Zeit kommen, dass sich jemand daranmachte, sie zu sammeln.

Die Romantik entstand, als Deutschland ein zersplittertes, noch fast bäuerliches Gebilde war und beim großen Nachbarn Frankreich eine Revolution stattfand. Den neuen französischen Entwicklungen hatte man politisch und militärisch nichts entgegenzusetzen. Man suchte nationale Besonderheiten und griff dabei in die Geschichte zurück, in die des Mittelalters, als das Heilige Römische Reich bedeutend gewesen war. Und man besann sich auf das „Volk", das man nicht mehr als ungebildete und pöbelhafte Masse sah wie zuvor, im Gegenteil: Man ging nun vom Ursprünglichen des Volkes aus und suchte seine künstlerische Ader. In diese Vorstellungen passten die Märchen, die besondere Geschichten aus dem Volk zu sein schienen.

Allerdings war diese Art „Literatur" im Grunde verpönt. Man sprach als künstlerisch Gebildeter von „Ammenmärchen", also von Geschichten, die einfache Frauen Kindern erzählten. Es fügte sich dann in besonderer Weise, als einer der führenden deutschen Romantiker, Clemens Brentano (1778–1842), zwei national gesinnte Brüder aus der hessischen Provinz davon überzeugen konnte, diese Geschichten zu sammeln.

Trotzdem sollte auch das nichts Neues sein. Schon über 150 Jahre vor den Grimms hatte der Italiener Giambattista Basile (1575–1632) eine Sammlung von Märchen seines Landes veröffentlicht, die mündlich bis nach Deutschland weitergegeben wurden, darunter Fassungen von *Sneewittchen, Der Froschkönig* und *Rapunzel.*

Noch einflussreicher war ein Werk von Charles Perrault (1628–1703). Dieser gelehrte Franzose hatte über 100 Jahre vor den Grimms erfolgreich eine Märchensammlung veröffentlicht, die eindeutig die Vorlage für einige der wichtigsten Märchen war, wie *Dornröschen, Aschenputtel* und auch *Rotkäppchen.*

Heute liest man oft, die grimmschen Märchen würden der ganzen Welt gehören, ja auf die eine oder andere Weise hätten sie sich die Menschen auf der ganzen Welt schon immer erzählt. Auch wenn Jacob und Wilhelm Grimm ihre Meinung später abwandelten, so hatten sie ihre Märchen aber mit der Vorstellung gesammelt, sie wären etwas Echtes aus dem deutschen Volk.

Charles Perrault in ganzer Herrlichkeit als eine der wichtigsten künstlerischen Persönlichkeiten seiner Zeit.

Die paradiesische Zeit

Steinau ist eine niedliche Stadt, wo die Wurzeln unserer Familie liegen. Unser Großvater war dort schon Prediger. Die Häuser der 3000 Einwohner ziehen sich eigentlich nur an der Hauptstraße entlang. Es gibt zwei Kirchen, eine reformierte und eine lutherische, das Rat- und das Schulhaus und eine kleine Burg, die der Landgraf zu einem Schloss ausgebaut hat.

Hin und wieder ist er anwesend, was dann ein großes

Ereignis ist. Außerdem gibt es das Amtshaus, und das beziehen wir. Es ist alt und aus Stein, hat eine hohe Treppe, vor der zwei Linden stehen, und einen runden Turm, in dem eine Wendeltreppe in die Amtsgerichtsstube und den oberen Stock führt. Das Haus hat einen großen eingeschlossenen Hof mit Scheune, Ställen für Pferde und Kühe, Holzschuppen und allem, was zum Landbau gehört. Alles ist hier schön übersichtlich.

Immer nach dem Mittagessen geht der Vater in den Hof und sieht nach den Tieren. Er ist stets ordentlich gekleidet, in blauem Frack mit rotem Samtkragen, besetzt mit goldenen Knöpfen und Tressen*. Morgens macht ihn ein Bediensteter zurecht, flicht ihm den Zopf und pudert ihn. Das Leben ist herrlich geordnet und auf alles ist Verlass. Die Tage laufen ab wie ein Uhrwerk. Zum Mittag- und Abendessen trifft sich die ganze Familie, wobei es am Abend auch lustig zugeht. Wenn der Oberförster Müller kommt, dürfen wir auf seinen Knien reiten. Er raucht dann mit dem Vater und sie trinken Bier. Wir schlafen alle in der hellgrünen Schlafkammer neben der Wohnstube, Wilhelm mit mir in einem Bett, vor uns das Bett von Vater und Mutter, mit dem grau und dunkelblau gestreiften Vorhang.

Wilhelm und ich bekommen bald Schulunterricht, hin und wieder auch bei uns zu Hause. Der alte Schulmeister heißt Zinkhahn und wir lernen bei ihm Religion, Latein und Erdkunde und natürlich lesen und schreiben und rechnen. Das fällt Wilhelm noch schwerer als mir, weil wir die Feder wie in einem Schraubstock halten müssen. Außerdem ist die deutsche Schreibschrift* schwer zu er-

lernen. Von Zinkhahn selbst lernen wir wenig, außer Fleiß und strenge Aufmerksamkeit. Schlechte Schüler müssen ihn fürchten. Er gibt seinen vielen Zuchtruten sogar Namen. Einige gehen in Steinau herum, die durch seine Prügel ein Auge verloren haben. Wenigstens sind wir gut und anständig in der Schule und können auch über ihn lachen. Wenn wir bei ihm in der Schule unterrichtet werden, ruft oft seine Frau durchs Haus, was er zu essen wünscht. Er ruft dann immer zurück: „Koch Klöß', Frau!" Manchmal bringt er eine Zeitung mit zum Unterricht, liest darin und sagt zu uns: „Setzt euch hin und lernt!"

So wachsen wir als Kinder geborgen und behütet auf. Nur die Krankheiten sind eine ständige Gefahr für die Familie. Leider stirbt auch in Steinau ein Bruder von uns und Wilhelm kränkelt immer wieder. Um ihn muss man sich ständig sorgen und nicht nur wegen seiner Gesundheit: Ihm gefällt es sogar, sich im Sommer in eine Blumenwiese zu legen und den Wolken nachzuschauen.

Alles in allem macht uns das Leben Freude. Im Jahr 1793 wird uns auch endlich eine Schwester geboren: Charlotte, die für uns bald nur die Lotte ist. Wir haben das Schwesterchen so lieb, dass sie oft weint und sich nicht zu retten weiß, wenn jeder sie küssen will. Nach einigen Jahren spricht der Vater zu uns am Essenstisch: „Die Kinder werden immer größer, wir müssen eine neue Schüssel machen lassen." Da wird dann eine neue Zinnschüssel angeschafft und wir freuen uns, wie viele grüne Erbsen da nun hineingehen. Freilich wird damit auch die Gefahr zu kleckern größer. Aber ich passe auf.

Unsere Kindheit ist so schön, geradewegs wie ein Märchen. In unserem Haus sind wir sicher wie ein Baby im Mutterleib. Wenn wir aber auf Abenteuer aus sind, Schmetterlinge jagen oder unbekannte Steine suchen, müssen wir nur vor das Tor treten. Die Wiesen ringsumher sind übersichtlich und den dichten Wald betreten wir nur an seinem Rand. So wachsen wir heran: Liebe zum Vaterland ist uns, ich weiß nicht, wie, tief eingeprägt. Gesprochen wird zwar nicht davon, aber es kann bei unseren Eltern gar keine andere Gesinnung geben. Wir halten unseren Fürsten für den besten, den es geben könnte, unser Land für das gesegnetste unter allen.

Doch ist bald wie in der Ferne das Grummeln eines gewaltigen Unwetters zu hören. Es kommt aus Frankreich. Dort haben die Bürger den französischen König abgesetzt und dann auch ermordet. Nun fühlen sich auch unsere Fürsten bedroht und ziehen in den Krieg gegen diese Französische Revolution. So wird die Sache hoffentlich bald ein Ende haben. Ich meine, da sollte man hart durchgreifen.

Als wären diese Vorgänge wirklich unheilvolle Vorboten gewesen, trifft uns 1796 der schwere Schlag: Unser Vater bekommt eine Lungenentzündung und will sich nicht erholen. Seine Entkräftung ist bald groß. Das ist aber auch nicht verwunderlich, weil er in wenigen Tagen fünfmal zur Ader gelassen* und dreimal geschröpft* wird. Eines Morgens wache ich plötzlich auf, weil fremde Stimmen in seinem Zimmer zu hören sind. Es ist leider der Tischler mit seinen Gehilfen, die das Maß für den Sarg meines Vaters nehmen. Er ist in der Nacht gestorben.

Der Schock ist groß. Nun steht unsere Mutter mit sechs Kindern allein da und hat kein Geld zum Unterhalt der Familie. Wilhelm weint so, dass ich ihn kaum trösten kann. Wir müssen aus dem Amtshaus ausziehen und eine billige Wohnung beziehen. Ich selbst werde mit meinen elf Jahren plötzlich als das Oberhaupt der Familie angesehen.

Geordnete Verhältnisse

Den Menschen prägt wohl nichts so sehr wie die Kindheit. Jacob und Wilhelm Grimm mussten sie als die schönste Zeit ihres Lebens empfinden. In dem Städtchen Steinau, in dem sie groß wurden, hatte alles seine Ordnung. Der Ort war abgelegen und noch von einer Stadtmauer geschützt. Die große Stadt Frankfurt am Main war nur in schnellen Kutschen in einer Tagesreise zu erreichen, auch der davor gelegene Geburtsort der Brüder Grimm, das ebenfalls recht einflussreiche Hanau. Auf dem Weg dazwischen war das Land auf weiten Strecken unbewohnt und beherrscht von Wäldern, die noch so tief und unzugänglich waren wie in *Hänsel und Gretel.* In Deutschland herrschten Dutzende Monarchen über große und kleine Territorien und verhinderten jeden Fortschritt. In diesem Reich versuchte noch fast jeder Graf, als kleiner König über seine Untertanen so zu regieren, dass er in einem Schloss mit Hunderten Räumen und Hunderten Bediensteten residieren und den Tag mit Feiern und Jagden verbringen konnte. Der Graf hieß in diesem Fall Wilhelm I. und war zunächst noch Landgraf, ehe

Wilhelm I. von Hessen-Kassel, ein typischer, absoluter Herrscher bis ans Ende seiner Tage.

er 1803 sein Territorium Hessen-Kassel als Kurfürst regieren durfte. Dieser typisch deutsche Kleinstaat hatte gerade einmal 500.000 Einwohner und war nicht einmal als Fläche zusammengehörig: Es gab auswärtige Gebiete, darunter auch die von Hanau und Steinau, die von der Hauptstadt Kassel nur zu erreichen waren, indem man andere Staaten passierte. In dieser Welt gab es wenig Interesse an Veränderung. Wer die Ordnung störte, über den wurde gerichtet, und das übernahm höchstselbst als Amtmann Vater Grimm.

In Steinau hatte sich in Generationen kaum etwas geändert. Jeder hatte seine Beschäftigung, jeder seine Stel-

Diese Zeichnung des elfjährigen Wilhelm Grimm über die Hinrichtung Ludwig XVI. zeigt, wie sehr die revolutionären Vorgänge in Frankreich auch die Kinder bewegten. Und sie zeigt sein Talent als Zeichner.

lung, jeder seinen Platz in der Welt. Unten standen die Tagelöhner und Bediensteten, Trödler und Viehjuden, darüber die Bauern und Handwerker, Bäcker und Töpfer, über ihnen die Amtspersonen und Adeligen, Pfarrer, Lehrer, dazu Richter, wie es der Vater Grimm war, und über allen der Fürst. Diese heile Welt, die sie für die Grimms war, brach auseinander, als plötzlich der Vater mit nur 44 Jahren starb und außerdem zu hören war, dass die Franzosen ihren königlichen Landesvater einen Kopf kürzer gemacht hatten. Danach mussten Jacob und Wilhelm Grimm Steinau und ihre Familie verlassen, um eine gute Ausbildung zu erhalten, und noch später sind sie auch aus ihrer neuen hessischen Heimat Kassel eigentlich gegen ihren Willen fortgegangen. Doch waren sie von dieser Umwelt so geprägt, dass sie immer mit Wehmut davon sprachen. Wie sehr sie von der heilen Welt ihrer Kindheit beeinflusst waren, davon spricht fast jedes ihrer *Märchen*.

Lernen und Lernen

Es ist der Umstand, dass wir der Familie wieder ein gesichertes Leben ermöglichen wollen, dass wir schweren Herzens beschließen: Jacob und ich sollen nach Kassel ziehen. Dort können wir auf eine gute Schule gehen und dann studieren. Eine Schwester meiner Mutter wird für uns sorgen. Denn sie hat als Kammerfrau am Hof unseres Landesherrn ein festes Einkommen. Im Herbst 1798 werden wir herzlich von unserer Tante in Kassel empfangen. Aber wohnen können wir bei ihr nicht, weil sie keinen eigenen Haushalt führt. Sie gibt uns bei der Familie des herrschaftlichen Mundkochs in Pension. Dort bekommen wir ein Kämmerlein, dekoriert mit einer hübschen Blümchentapete, und wir teilen uns ein Bett und arbeiten an ein und demselben Tischlein. Manchmal kann ich Jacob ärgern. Wenn

wir beide einen Becher Milch mit Honig trinken, habe ich vielleicht schon etwas mehr als er getrunken. Dann tausche ich heimlich die Becher aus, wenn er gerade in ein Heft schreibt. Schaut er endlich auf, fragt er aber gleich: „Wer hat denn von meinem Becherlein getrunken?" Ich muss dann grinsen und er fordert streng seinen Becher zurück. Er sagt, ich soll endlich erwachsen werden.

Wir besuchen das *Lyceum Fridericianum,* wo es sieben Klassen gibt. Nach Abschluss der drei unteren wird man Handwerker und dergleichen, nach Abschluss der vier oberen darf man zur Universität wechseln. Jacob fängt in der vierten Klasse an, der Unterquarta, obwohl er schon dreizehn ist. Aber unsere Schulausbildung in Steinau gilt nicht viel. Ich selbst muss erst noch Privatunterricht nehmen. Doch dann werde ich ebenfalls in der Unterquarta aufgenommen. Zum Glück kann man auch Klassen überspringen, wenn man gut ist. Das sind wir, denn wir lernen und lernen. Jacob ist fast immer der Primus. Er hat ja eine ungeduldige, anhaltende Lernbegierde. Nur über einen Lehrer ärgert er sich. Der redet ihn nach alter Sitte mit *Er* an, während sonst alle Schulkameraden ein *Sie* bekommen. Das ist gemein und der Grund liegt wohl nur darin, weil wir vom Lande her in die Stadtschule aufgenommen worden sind. Jacob mag Ungerechtigkeit gar nicht.

Neben sechs Stunden auf dem Lyzeum bringen wir täglich auch noch vier oder fünf Stunden in Privatlehrstunden bei dem Pagenhofmeister zu.

Im Ganzen hat man uns doch zu viel aufgelastet. Ein paar Freistunden würden uns guttun. Aber wir haben auch nur mit wenigen Leuten Umgang. Fast alle Freizeit verwenden wir auf Zeichnen. Darin bringen wir es auch ohne Lehrer ziemlich weit. Mit den Jungen in unserem Alter geben wir uns erst gar nicht ab. Sie fangen an, den Mädchen nachzulaufen. Jacob hält das für reine Zeitverschwendung.

Wir sehnen uns nach der Mutter. Immerhin können wir sie in den Ferien besuchen. Wir schreiben ihr immer wieder, auch zum neuen Jahr. Jacob reimt zum Beispiel gar so schön:

Cassel, 1. Jan. 1800

Der besten Mutter!

Oh Mutter!, die mit Achtung zu verehren,
Mir immer meine Pflicht gebeut,
Nichts kann die Ehrfurcht gegen Sie vermehren,
Die Ihnen stets mein Herz geweiht,
Und heute steigt mein Wunsch für Sie aufs Neue
Zu Gott, dass er Ihr edles Herz erfreue.

Von Ihrem gehorsamen Sohn
J. L. K. Grimm

Leider verursache ich der geliebten Mutter zusätzliche Kosten, weil ich wieder zu kränkeln beginne. Die ganze sitzende Lebensweise wirkt nachteilig auf meine Gesundheit. Ich klage über Schmerzen in der Brust. Der Weg zum Lyzeum ist mir oft sehr sauer, wenn mir über den Friedrichsplatz der kalte Wind entgegenbläst. Ich muss sogar die Schule verlassen. Ich bin nämlich einem so heftigen Anfall von Asthma ausgesetzt, dass nur durch sehr starke Mittel die ganz nahe Gefahr abgewendet wird. Jacob sorgt sich so um mich. Doch wir dürfen keine Schwäche zeigen. Jacob wechselt schon 1802 zur Universität nach Marburg. Ich versuche indessen, mich zu kurieren und vom Bett aus den Schulstoff zu bewältigen. Ein Jahr später kann ich Jacob endlich folgen. Welche Freude, ihn wiederzusehen! Er findet, dass mein Anzug mal wieder gereinigt werden müsste. Was würde ich nur ohne ihn machen?

Art und Aussehen der Brüder Grimm

Als Literaturforscher, die Jacob und Wilhelm Grimm waren, kann man sie sich wirklich als dieser besondere Typ Mensch vorstellen: sitzend am Schreibtisch, über Papiere gebeugt, die Schreibfeder in der Hand. Besonders Jacob Grimm entsprach genau diesem Bild. Wie er von sich selbst sagte, machte ihm nichts so viel Freude, als „bis in die späte Nacht in seliger Einsamkeit über den Büchern zuzubringen".

Wilhelm Grimm klagte dagegen schon am Anfang, dass ihm die dauernde sitzende Tätigkeit auf die Gesundheit schlage. Er war im Gegensatz zu seinem Bruder tatsächlich oft krank, einige Male sterbenskrank. Er muss allerdings auch ein Hypochonder gewesen sein, ein eingebildeter Kranker, der davon überzeugt war, er hätte ein schwaches Herz und deswegen nur noch kurz zu leben. Sonst war Wilhelm aber durchaus dafür zu haben, auf Empfänge und Feiern zu gehen. Alle Urteile beschreiben ihn als wesentlich geselliger als sein Bruder. Dabei ist es schon eine seltsame Vorstellung, wie die beiden Brüder gut organisiert ihren Haushalt miteinander teilten, und das ihr Leben lang.

In ihrem Aussehen waren beide eher klein und schmächtig, Jacob noch mehr als Wilhelm. Sie bewahrten sich nicht nur zeitlebens ihren starken hessischen Dialekt, sondern auch die förmliche Art ihrer streng religiösen Erziehung, und dazu die Kleidung. Es hieß später zu ihrer

Zeit in Berlin, Jacob habe in seinem altfränkischen Frack ausgesehen wie ein Stück aus der guten, alten Zeit. Während Wilhelm stets als der gemütliche und offenherzige der beiden Brüder beschrieben wurde, klang bei Jacob immer eine Art respektvolle Distanz durch. Ein Zeitgenosse beschreibt die beiden vielleicht am besten – sie waren schon in dem Alter, in dem der Mensch in seinem Wesen nicht mehr zu ändern ist: „Wilhelm, ein schöner Greis, liebevoll in Reden und Gebärden, nahm mich freundlich auf. Er führte mich, auf seinen Stock und meinen Arm gestützt, in das Zimmer des Bruders hinüber, der wie ein Biber zwischen seinen Büchern stand. So angenehm Wilhelm auf mich wirkte, so abstoßend war mir Jacob Grimm. Er frug, ob ich Philologe sei. Der stiere Blick, sodann seine Schwerhörigkeit vermehrten das Unbehagen. Als ich mich verabschiedete, trat Jacob Grimm, während ich noch in der Tür war, buchstäblich wie ein aus der Ruhe gestört gewesener Biber in seine viereckige Wohnung zurück."

So wie hier auf einer Zeichnung von Ludwig Emil Grimm von 1814 muss man sich Jacob Grimm wohl für einen Großteil seines Lebens vorstellen.

Die Entdeckung der alten Poesie

In Marburg studieren wir beide die Juristerei, wie der Vater es getan hat und wie es der Mutter am liebsten ist. Einer unserer Lehrer ist Friedrich Karl von Savigny*, der besonders mich sehr mag. Während uns sonst fast alle Vorlesungen langweilen, ergreifen uns seine auf das Gewaltigste. Er versucht, hinter die Dinge zu dringen und ihre Geschichte und ihren Sinn zu ergründen. Dafür verfügt er über eine private Bibliothek, die mit Bücherschätzen nur so vollgestellt ist. Als ich dort eines Tages eintreten darf, bekommen meine Augen zu schauen, was sie noch nie erblickt haben. Voller Ehrfurcht greife ich nach einem Buch mit Minneliedern* in einem seltsamen, halb unverständlichen Deutsch, etwa von einem Dichter mit dem Namen:

„Der von Kürenberg"*:

Ich zôch mir einen valken mêre danne ein jâr.
dô ich in gezamete, als ich in wolte hân,
und ich im sîn gevidere mit golde wol bewant,
er huop sich ûf vil hôhe und vlouc in anderiu lant.

Sît sach ich den valken schône vliegen,
er vuorte an sînem vuoze sîdîne riemen,
und was im sîn gevidere alrôt guldîn.
got sende sî zesamene, die geliep wellen gerne sîn!

Liegt darin nicht der Schlüssel für die deutsche Sprache, ja für Art und Wesen des
deutschen Volkes? Ich stehe eine Stunde
mit dem Buch in der Hand da und lese.
Savigny lacht, als er wiederkommt, und
sagt, ich könne mir solche Bücher
auch bei ihm ausleihen.
Plötzlich haben wir ein ganz neues Interesse gefunden: die alte
Poesie der Deutschen, die verschüttet und nicht mehr zu-
gänglich ist. Man müsste diese Schätze heben, die als
verstaubte Bücher irgend-
wo vergessen in Regalen
stehen. Und als würde

das Schicksal es fügen, ist Savigny mit der Schwester von Clemens Brentano* verlobt, der mit seinem Freund Achim von Arnim* überall nach alten deutschen Liedern sucht, um sie zu veröffentlichen.

Savigny lädt mich 1805 ein, ihm nach Paris zu folgen. Ich soll ihm dort helfen, historische Schriften über die Entstehung des Rechts zu bearbeiten. Mich überrascht das sehr, will ich nach meinem Plan doch spätestens im Sommer die Universität abgeschlossen haben. Ich frage die Mutter um Erlaubnis, die nur mit heimlicher Angst ihren Willen zu der Reise gibt. Am schlimmsten fällt uns beiden Brüdern der Abschied voneinander. Wilhelm sagt, als ich weggehe, es würde ihm das Herz zerreißen.

Bald bin ich in Paris und bin überwältigt von der Größe der Stadt, von den vielen verschiedenen Menschen, die dort leben, sogar Mohren darunter, von all den Belanglosigkeiten, die mit der allerwichtigsten Miene vorgetragen werden. Ich bleibe aber hinter Büchern verschanzt, die ich für Savigny vergleiche und abschreibe. Vor allem fange ich jedoch an, nach alten deutschen Handschriften zu suchen, die vielleicht seit Jahrhunderten nicht mehr gelesen worden sind. Wilhelm, den ich sehr vermisse, rät mir dazu. Immer wieder halte ich alte Schriften in der Hand, zu meinem Schrecken oft noch ungeordnet, weil sie von Napoleons Eroberungszügen stammen. Ich schreibe so viel ab, wie ich kann. Mein Bruder und ich stellen schon nach kurzer Zeit fest, wie sehr wir uns brauchen. Ich schreibe ihm einmal: „Lieber Wilhelm, wir wollen uns einmal nie trennen. Wir sind nun diese Gemeinschaft so gewohnt, dass mich schon das Vereinzeln zum Tode betrüben könnte."

Nach einem halben Jahr darf ich ihn endlich wieder in die Arme schließen und es ist dann wie der Lohn für unser Streben.

Inzwischen ist nämlich der große Tag gekommen, auf den wir beide hingearbeitet haben: Die Mutter zieht mit unseren Geschwistern nach Kassel. Jetzt schließt sich der Kreis. Alles greift ineinander. Jetzt wird alles wieder gut.

Mit Wilhelm an meiner Seite bin ich ganz neu beseelt. Ich lege so schnell wie möglich mein juristisches Examen ab, kann dann jedoch bloß eine Stelle als Sekretär beim hessischen Kriegskollegium

in Kassel übernehmen. Dort stecke ich zwar in steifer Uniform mit Puder und Zopf, aber ich kann mich nebenbei dem Studium der Literatur und Dichtkunst des Mittelalters zuwenden. Nur das zählt noch für mich. So verändert bin ich aus Paris zurück: Die Juristerei hat alle Bedeutung verloren.

Als Wilhelm 1806 ebenfalls das juristische Examen besteht und damit eigentlich unser ganzer Lebensplan aufgegangen ist, dass wir beiden Brüder als gelehrte Persönlichkeiten für unsere arme Mutter und unsere Geschwister sorgen könnten, holt uns die Weltgeschichte ein: Nach zehnjährigem Frieden fordert Preußen plötzlich Frankreich diplomatisch* heraus. Napoleon* stürmt sofort militärisch vor. In der Doppelschlacht von Jena und Auerstedt vernichtet er mit Leichtigkeit die gefürchtete preußische Armee und sozusagen im Vorübergehen besetzt er danach das neutrale Hessen-Kassel. Unser Kurfürst flüchtet. Alles steht kopf. Jeglicher Plan ist hinfällig. Auf nichts ist mehr Verlass.

Ich bin außer mir. Als ein französischer Soldat mein Büro betritt, gehe ich harsch gegen ihn vor. Anhand der Wortgeschichte erkläre ich ihm, dass es doch *dimission* und nicht *démission** heißen müsse. Das diskutiere ich danach noch stundenlang mit Wilhelm und auch dass ich nicht länger im Amt bleiben kann. Zwar werde ich nicht entlassen, aber ich muss in einer Abteilung arbeiten, in der die Verpflegung der französischen Truppen geregelt wird. Das ist mir so lästig, dass ich dann selbst kündige.

Die französische Herrschaft in Europa

Im Unterschied zu dem politisch zerrissenen Deutschland gab es in Frankreich einen allmächtigen König von Gottes Gnaden für das ganze Land, der von seinem Schloss Versailles über alle seine Untertanen bestimmte. Dort hatte sich mit dem Aufbau von Manufakturen und Fabriken aber auch ein starkes Bürgertum entwickelt. Das war am Ende des 18. Jahrhunderts nicht mehr bereit, dem König und der mit diesem herrschenden Klasse des Adels und der Kirche zu dienen. Es kam zur Französischen Revolution mit ihren Forderungen von *Freiheit, Gleichheit* und *Brüderlichkeit.*

Als die junge französische Republik deswegen von den monarchischen Ländern Europas angegriffen wurde, verteidigten die Bürger entschlossen ihren Staat. Sie hatten damit erst recht Erfolg, als sich Napoleon Bonaparte in ihrem Land zum Feldherrn und schließlich zum Kaiser aufschwang. Dieser überragende Staatsmann setzte sich schließlich das Ziel, Europa unter seiner Herrschaft zu vereinen. Er schlug eine Schlacht nach der anderen, und zwar erfolgreich, und setzte die benachbarten Länder unter Druck. Das führte 1806 auch zum Ende des Heiligen Römischen Reiches. Napoleon ordnete die politische Landkarte Europas neu und zerschlug die seit Jahrhunderten bestehenden Machtstrukturen. Die rückständigen deutschen Staatsgebilde wie das Kurfürstentum Hessen-Kassel und sogar das mächtige kriegerische Preußen hatten dem nichts entgegenzusetzen, vor allem auch politisch nicht. Denn Napoleon versprach allen Menschen große persönliche Freiheiten und gleiche Rechte. Auch viele Gebildete hatten Sympathien für ihn und seine Taten. Wer anders dachte, waren die Brüder Grimm. Sie begannen eben zu dieser Zeit, ihre Märchen zu sammeln. Erst als sich zeigte, wie die französische Herrschaft die besetzten Länder wirtschaftlich in den Ruin trieb, wendete sich das Blatt. Die Menschen vereinten sich gegen die französische Besatzung, wobei sich die alten Herrscher zu Reformen herabließen. Mit dem 1812 gescheiterten Russlandfeldzug, den folgenden Befreiungskriegen mit der entscheidenden Völkerschlacht bei Leipzig und dann noch der Schlacht von Waterloo war Napoleons Schicksal 1815 besiegelt.

Zur großen Enttäuschung nicht nur des deutschen Volkes taten dann viele alte Herrscher, als sie wieder ihre Schlösser bezogen, nichts anderes, als ihre Macht so herzustellen wie zuvor. Das hatten auch die Brüder Grimm so nicht erwartet. Sogar Wilhelm Grimm, eigentlich ein treuer Anhänger der Monarchie, beklagte die Unfreiheit unter seinem Kurfürsten: Wenn jemand auf der Straße nur „einen Bonbon in den Mund steckte, warf er das Papier, worin er gewickelt war, nicht weg, weil es ein Polizeidiener aufhob und eine geheime Nachricht darin zu finden hoffte".

Sammeln und Sammeln

Es ist das Schicksal, das hat es bestimmt, dass wir warten müssen, bis bessere Zeiten kommen und der französische Spuk zu Ende ist. Leider nisten sich die Franzosen nun ganz bei uns ein. Napoleon macht seinen Bruder Jérôme Bonaparte* zum Herrscher über das neu gegründete „Königreich Westfalen". Dazu werden mit einem Federstrich alle möglichen Fürstentümer zu einem neuen, von Frankreich abhängigen Staat zusammengefasst. Herrschersitz ist Kassel. Das gewinnt dadurch ziemlich an Bedeutung.

Wir versuchen auf eigene Weise, zu der Rückkehr einer anderen Zeit etwas beizutragen. Inzwischen hat uns Clemens Brentano gebeten, doch selbst volkstümliche Literatur zu sammeln. Er möchte außer seinem *Wunderhorn*-Liederbuch auch ein Buch über Märchen herausgeben. Manchmal beklage ich mich aber, wenn ich wieder nur etwas abschreiben soll, was mir Jacob aus einem alten Buch vorlegt. Aber wenn es meine Gesund-

heit zulässt, mache ich doch begeistert mit. Nur neulich hat mich Jacob davor gewarnt, bei einem Trödler viel Geld für eine alte Handschrift auszugeben. Er hat recht: Wir haben das Büchlein dann nur zur Ansicht mitgenommen und es abwechselnd bis spät in die Nacht abgeschrieben. Wenn ich nur nicht so schwach auf der Brust wäre! Ich muss immer noch Spaziergänge zur Kräftigung meiner Lungen machen. Jacob hält so etwas für ganz überflüssig. „So etwas raubt zu viel Zeit", sagt er. Die Literatur hat uns in ihren Bann gezogen. Dazu trägt inzwischen nicht nur Clemens Brentano bei, sondern auch sein Freund Achim von Arnim und ihre Freunde und Freundinnen. Brentano wohnt im Herbst einige Zeit in Kassel. Dort kommen dann alle einmal zusammen, um mit uns zwei weitere *Wunderhorn*-Bände zu bearbeiten. Bei dieser Gelegenheit beschließen die beiden, eine eigene Zeitschrift herauszugeben: *Die Zeitung für Einsiedler*. In einem Beitrag dazu beschreibt Jacob, worum es geht: Indem wir bis zu den Quellen der alten Poesie vorstoßen, finden wir so ihr wahres Wesen. Nur diese Poesie ist grünes Holz, frisches Gewässer und reiner Laut entgegen der Dürre, Lauheit und Verwirrung unserer Geschichte. Ich selbst spüre außer den Märchen sehr den germanischen Heldensagen nach. Ich will aber auch das Material, das wir zusammentragen, immer noch ein bisschen schöner und spannender gestalten. Jacob weist mich deswegen zurecht: Wir dürfen da nichts verfälschen. So würde doch nur Kunstpoesie entstehen. Und die sei nur eitle Erfindung, der Fantasie der täuschenden und getäuschten Dichter entsprungen.

War es nicht eine eigenmächtige, anmaßende Entscheidung, statt der Juristerei nun der Literatur zu folgen? Wie als Strafe dafür, dass wir vom rechten Weg abgewichen sind, wird auf einmal die Mutter so krank, dass sie zur Ader gelassen wird. Leider bessert sich ihr Zustand nicht, auch als Blutegel dazugesetzt werden. Bald legt sie selbst ihre Ringe und Ohrringe ab, ehe am 27. Mai 1808 ihr Atem leise aufhört. Ach so jung geht sie aus dieser Welt! Sechs Kinder lässt sie zurück, die alle kein Ein- und Auskommen haben.

Als Oberhaupt der Familie versucht Jacob, gefasst zu bleiben. Lotte wird sich um den Haushalt kümmern und bügeln und das Nötige stopfen. Er hält ein ordentliches Buch über Einnahme und Ausgabe. So kann nichts Nachlässiges oder Un-

ordentliches geschehen. Doch die schiere Not treibt ihn nun dazu, eine Anstellung zu suchen und gutes Geld zu verdienen. Dank seiner Französischkenntnisse gelingt ihm das: Ab Juli wird er Bibliothekar der Privatbibliothek des Königs Jérôme auf Schloss Wilhelmshöhe in Kassel. Bald genießt er ein Gehalt von 1.000 Talern* im Jahr. Zwar arbeitet er damit für den Feind, aber immerhin sind schlagartig alle Nahrungssorgen verschwunden.

Die Last, die mein Bruder trägt, ist sogar noch schwerer geworden. Denn nach dem Tod der Mutter muss er sich auch noch um mich die größten Sorgen machen. Mein Herz ist so geschwächt, dass ich manchmal vor Schmerzen in der Brust kaum Luft bekomme. Viele Nächte verbringe ich schlaflos, aufrecht sitzend, ohne mich zu bewegen, und warte auf das Grauen des Tages. Schon wie wir bei der lieben Mutter Leiche standen, da hab ich Jacob so fest gehalten und so heiß geküsst, wo ich noch konnte, und damals hab ich schon für ihn über mich geweint. Ich weiß es schon lange, dass ich nicht geheilt werden kann. Aber der liebe Gott ist gnädig und hält's verborgen, wann das Ende kommen wird. So hat er Angst und Furcht von mir genommen. Jacob hat mir auf meinem letzten Geburtstag acht Wachslichter angezündet. Das ist ein langes Ziel. So weit kann ich kaum hoffen.

In höchster Not schickt er mich zur Kur nach Halle. Dort behandelt mich ein Arzt mit den modernsten Methoden. Er reibt

mir die Brust mit spirituellen Essenzen ein, dass mir die Augen tränen. Auch muss ich einen Magneten über dem Herzen tragen und Bäder in salz- und eisenhaltigem Wasser nehmen. Dadurch bessert sich wirklich meine Gesundheit und ich kann mich in dunklen Kammern abgelegener Bibliotheken vor verstaubten Regalen auf die Suche nach alten Büchern und Handschriften machen.

Dann kommt Brentano in Halle vorbei. Er will mit mir nach Berlin fahren, um Achim von Arnim zu besuchen. Ich zögere, aber Jacob gibt mir die Erlaubnis. Unsere Reise ist leicht, zum Teil mit Extrapost, sodass wir nur zwei Tage brauchen. Berlin ist die schönste Stadt, die ich gesehen habe. Ich gehe dort auch auf Bälle und Empfänge und literarische Treffen. Aber Berlin bleibt für mich eine so recht merkwürdige Stadt. Die Menschen fahren einem über den Mund und sind respektlos.

Jacob berichte ich ständig von meinen Erlebnissen. Er hat in Kassel die größten Sorgen. Sein Einkommen reicht für uns doch hinten und vorn nicht. Denn die Franzosen erhöhen ständig die Steuern und dazu steigen die Preise beinahe von Tag zu Tag. Jacob freut sich ach so sehr, als wir uns endlich wiedersehen. Besonders freut ihn zu hören, dass ich kaum Geld ausgegeben und auf meiner Rückreise auch Goethe* besucht habe. Dieser große deutsche Dichter hat mich sogar zum Mittagessen bei sich eingeladen, wo er fleißig roten Wein trank, was ich auch tun sollte. Er hat mir sogar zugesagt, uns in Weimar aufbewahrte Minnelieder zu schicken.

Jacob führt unseren Haushalt gewiss ordentlich und schreibt alles genau auf. An den Abrechnungen, die ich ihm vorlege, bemängelt er nur, dass ich ein Buch mit römischen Sagen nicht hätte kaufen, sondern es abschreiben sollen. Aber das Geld, das reicht immer weniger. Allein die feine Wäsche, die Jacob jeden Tag zu seiner Arbeit tragen muss, ist sehr teuer. Auch unser Bruder Ludwig Emil, den Jacob in Heidelberg Malerei studieren lässt, braucht viel Geld. Bald schafft er den Wein ab und wir trinken nur noch Bier. Dann essen wir nur noch einmal am Tag richtig und auch nur drei Portionen für uns fünf. Jacob teilt alles genau ein. Er schafft es am besten, mit wenig Essen auszukommen. Dabei arbeitet er unentwegt, allerdings kaum für unseren „König Lustick". So wird Jérôme Bonaparte inzwischen genannt. Denn einer der wenigen Sätze, die er auf Deutsch sagen kann, lautet: „Morgen wieder lustick." Er feiert nämlich gern.

Geschichten aus dem Volk?

Als die Grimms ihre Märchen zusammentrugen, meinten sie, sie würden über Volkes Stimme zu Ursprüngen deutscher Literatur und Geschichte vorstoßen. Das Volk hätte zwar die Märchen immer wieder verwandelt, aber ihr Kern wäre gleich geblieben und also getreu und ungefälscht. So schrieb Wilhelm Grimm 1812 in der ersten Auflage der *Märchen:* „Alles aber, was aus mündlicher Überlieferung hier gesammelt worden, ist sowohl nach seiner Entstehung als Ausbildung (vielleicht darin den *Gestiefelten Kater* allein ausgenommen) rein deutsch und nirgends her erborgt, wie sich, wo man es in einzelnen Fällen bestreiten wollte, leicht auch äußerlich beweisen ließe."

Die Form der grimmschen *Märchen* lässt noch heute jeden Leser spontan daran denken, man hätte es dabei mit etwas Altem und Originalem zu tun. Wieder heißt es bei den Brüdern Grimm dazu: „Kein Umstand ist hinzugedichtet oder verschönert und abgeändert worden." Diese Vorstellung nährten sie später noch durch ein Bildnis, geschaffen von ihrem Bruder Ludwig Emil Grimm, nämlich von der durch sie berühmt gewordenen Dorothea Viehmann. Sie hatte einen großen Teil der Märchen für den zweiten Band der *Kinder- und Hausmärchen* geliefert. Darin wird sie als noch rüstige Bäuerin und „echt hessisch" beschrieben. Die „Viehmännin" wurde damit zur Idealfigur der Märchenerzählerin: der Oma aus dem einfachen Volk, die „alte Sagen fest in ihrem Gedächtnis bewahrt"

hat. Doch besonders die Märchen dieser Frau, die als Marktfrau versuchte, ihre Kinder durchzubringen, weisen fast alle nach Frankreich. Denn sie stammte von Hugenotten ab, den wegen ihres Glaubens aus Frankreich geflohenen Protestanten, und kannte daher die französische Sprache und Kultur. Außerdem war sie Tochter eines Wirts, dessen Gasthaus „Knallhütte" eine wichtige Durchgangsstation für Reisende war.

Auch viele andere Personen, die zu den *Märchen* beigetragen hatten, stammten nicht aus dem einfachen Volk: Es waren meistens gebildete Frauen aus dem gehobenen

Wilhelm und Jacob bei Dorothea Viemann – eine verklärte Darstellung: Die „Viemännin" war keine alte Bäuerin und nicht die Brüder Grimm kamen zu ihr, sondern sie zu ihnen.

Bürgertum wie etwa die Ehefrau Wild mit ihren sechs Töchtern, deren Mann Apotheker in Kassel war. Sie alle verschlangen in ihren vielen Mußestunden jedes Buch, das sie in die Finger bekommen konnten – und sie erzählten ihren und anderen Kindern daraus.

Im Grunde haben die Brüder Grimm die Spuren verwischt, die zum Ursprung der von ihnen gesammelten Märchen führten. Sie sollten aus dem Volk stammen. In Wirklichkeit aber wurden sie fast ausschließlich von Frauen aus dem Bürgertum erzählt, die mit dem Buch in der Hand aufgewachsen waren. Und Literatur war zu jener Zeit immer von dem großen kulturellen Vorbild Frankreich beeinflusst.

Die Märchen und viel mehr

Ich muss mich nur einige Stunden an meinem Arbeitsplatz aufhalten, kann aber auch dabei meistens lesen oder aus Büchern abschreiben. Sonst ist die ganze Zeit mein. Ich verwende sie fast unverkümmert auf das Studium der altdeutschen Poesie und Sprache. Inzwischen habe ich auch den Tee am Abend abgeschafft, weil der Zucker allzu teuer ist. Ich habe es aber auch durchaus gern, alles rein und ursprünglich zu genießen. So sehe ich auch die Literatur.

Besonders alte deutsche Sagen und Märchen haben es uns angetan, von denen wir schon Hunderte gesammelt haben. Viele sind aber unbefriedigend, weil sie schmucklos und ohne Sinn sind. Besonders aus drei Familien haben wir etliche Märchen erhalten. Da ist eine Pfarrerstochter Friederike Mannel, die uns etwa *Der Fundevogel* erzählt hat. Sie weiß aber inzwischen kein Märchen mehr und hat schon alle aus ihrem Gedächtnis hervorgesucht. Außerdem ist da eine Frau Wild mit ihren Töchtern, deren eine als Kind schon unsere Mutter kannte und die für uns wie eine zweite Schwester ist. Sie haben uns etwa *Tischlein deck dich* und *Frau Holle* erzählt. Obwohl besonders Wilhelm sie noch gern besucht, kommt aber von ihnen kaum noch Neues. Am ergiebigsten sind die Erzählungen der drei Schwestern Hassenpflug. Mit ihnen treffen wir uns zu literarischen Gesprächen, wo dann doch wieder das eine oder andere Märchen neu auftaucht. Von ihnen haben wir etwa König Drosselbart übernommen.

Zwei Märchen halte ich aber für die wichtigsten. Der Maler Philipp Otto Runge* hat sie aufgeschrieben. Sie heißen *Von dem Machandelboom* und *Von dem Fischer un siner Fru* und sind in Plattdeutsch geschrieben, also ganz natürlich und ursprünglich und volksnah. Genau n der Art sollten die Märchen eigentlich erzählt sein. Sie werden plötzlich erst recht zu unserem Lebensinhalt, und zwar über eine seltsame Entwicklung: Eigentlich haben wir sie Brentano im Oktober 1810 gesammelt zur Veröffentlichung geschickt. Es sind die, die wir für die besten halten, etwa 50 Stück. Vorsichtshalber haben wir eine Abschrift gemacht, weil wir seine leichtfertige Art kennen. Tatsächlich bewegt er in dieser Sache nichts, weswegen ich ziemlich ärgerlich bin. Manchmal halte ich fast alle Menschen für unordentlich und unzuverlässig. Ich will dann gar nicht von Wilhelm hören, dass am Ende doch alles immer gut ausgehe.

Dazu passt, dass es Ende November 1811 zum schlimmsten Albtraum jedes Bibliothekars kommt. Im Wilhelmshöher Schloss soll die Bibliothek umquartiert werden und auf der Stelle muss ich in anderthalb Tagen alle Schränke räumen und alle Bücher übereinanderwerfen, wobei jede Ordnung verloren geht. Danach muss ich sie in einen großen, beinahe dunklen Bodenraum schleppen lassen, als wären sie bloße Ziegelsteine. Da liegt nun das, wofür mein Amt geschaffen war, in leidigster Unordnung. Ich bin der Verzweiflung nahe. Doch damit nicht genug, werden bald darauf

einige Tausend teure Bände ausgesucht und zu den Büchern im Kasseler Schloss gestellt. Der Rest bleibt in seinem modernden Gefängnis verbannt. Die Strafe für solchen Frevel folgt beinahe auf dem Fuß: Eines Nachts eilen alle Bürger zusammen, weil das Schloss brennt. Als wir dort eintreffen, stehen gerade die Gemächer unter dem Bibliothekszimmer in voller Flamme. Nun wird die Unordnung chaotisch. Alle Bücher werden von Leibgardisten aus den Fächern genommen, dann werden sie in große Leinentücher gepackt und wie Unrat auf den Schlossplatz geschüttet. Ich helfe pausenlos mit und mahne die Soldaten zu Vorsicht. Einige Bücher trage ich eingewickelt wie Babys heraus. In all der Hektik, in der jeder Augenblick zählt, verirre ich mich dann auf einer der kleinen Wendeltreppen und muss ein paar Minuten nach dem rechten Ausgang im Dunkeln umhertappen. Es ist wie ein Wunder, aber es gehen nur wenige Bücher verloren. Ehe aber neue Schränke bestellt und gemacht sind und ein neuer Ort für sie ausgewählt ist, liegt alles auf einem Haufen. Ich bin am Boden zerstört.

Aber hat Wilhelm nicht recht, wenn er sagt, es entstehe immer etwas Neues, wenn etwas Altes verloren geht? So ist es zumindest in unserem Fall. Von unserer Not wegen der Märchen hört nämlich Achim von Arnim, der uns im Januar 1812 besucht. Da gelingt es ihm dann, mich zu überreden: Wir sollen die Sache selbst in die Hand nehmen. Wir sollen die Märchen selbst herausgeben.

Ich klage, weil ich große Kosten auf uns zukommen sehe, aber Arnim entwindet mir alle meine Abers. Er kennt in Berlin einen Verleger, der neue Entwicklungen fördert. Gesagt, getan: In den nächsten Monaten stellen wir eine Vielzahl von Märchen zusammen, die wir im Sinne der beiden Runge-Märchen ein wenig umschreiben. Besonders Wilhelm ist da Feuer und Flamme und sucht schöne Formulierungen und Wörter. Ich verfasse noch Kommentare dazu, um dem Publikum jeweils die Bedeutung und Herkunft zu erklären. Wir schicken das Manuskript nach Berlin, als wäre es ein Goldschatz. Vielleicht ist es das auch.

Das Weihnachtsfest 1812 wird für uns ganz besonders feierlich. Auf dem Gabentisch liegt die Buchausgabe unserer Märchen. 900 Stück sind davon gedruckt.

Das Werk heißt: *Kinder- und Haus-Märchen. Gesammelt durch die Brüder Grimm.* Es hat 475 Seiten und kostet einen Taler und 18 Groschen. Wilhelm nimmt sich das Exemplar und liest und greift nach einem Stift. Ich frage ihn, ob er schon einen Druckfehler entdeckt habe, obwohl ich doch die Korrekturabzüge mit der größten Sorgfalt durchgegangen bin. Er antwortet, er habe schon Passagen gefunden, die verbessert werden müssten, weil sie kalt und grau dastünden wie Bäume im Winter. Das mache doch ihren Reiz aus, schreie ich fast und beherrsche mich. Aber den Leuten gefalle immer ein wenig Schmuck, antwortet er. Wir bleiben da verschiedener Meinung. Ich muss Wilhelm auf die Finger schauen, der Ornamente und Zierrat mag, nur komme ich kaum dazu. Nun sehe ich, dass er auch noch fettige Finger von dem Weihnachtsgebäck hat, als er in dem Buch blättert. Immerhin ist es mir gelungen, aus Steinau eine große Menge Butter günstig zum Fest zu besorgen. Doch ich stöhne nur auf und behalte meine Meinung für mich. Manchmal ist der Kampf um Ordnung wie der gegen Windmühlen. Ich werde ein Exemplar der Märchen extra für mich zur Seite legen.

Der Märchenton

Wilhelm Grimm machte sich mit dem ersten Erscheinen der Märchen daran, sie immer weiter umzuschreiben. Im Vergleich sieht das beim *Froschkönig* so aus:

Die jüngste Tochter des Königs ging hinaus in den Wald und setzte sich an einen kühlen Brunnen. Darauf nahm sie eine goldene Kugel und spielte damit, als diese plötzlich in einen Brunnen hinabrollte ...

Urhandschrift von 1810

In den alten Zeiten, wo das Wünschen noch geholfen hat, lebte ein König, dessen Töchter waren alle schön, aber die jüngste war so schön, dass die Sonne selber, die doch so vieles gesehen hat, sich verwunderte, sooft sie ihr ins Gesicht schien. Nahe bei dem Schlosse des Königs lag ein großer dunkler Wald, und in dem Walde unter einer alten Linde war ein Brunnen; wenn nun der Tag recht heiß war, so ging das Königskind hinaus in den Wald und setzte sich an den Rand des kühlen Brunnens; und wenn sie Langeweile hatte, so nahm sie eine goldene Kugel, warf sie in die Höhe und fing sie wieder; und das war ihr liebstes Spielzeug.
Nun trug es sich einmal zu, dass die goldene Kugel der Königstochter nicht in ihr Händchen fiel, das sie in die Höhe gehalten hatte, sondern vorbei auf die Erde schlug und geradezu ins Wasser hineinrollte ...

Ausgabe letzter Hand von 1857

Es war Wilhelm Grimm, der erst den ganz bestimmten Märchenton schuf. Er behielt vielleicht den Anspruch bei, das Wesen dieser Texte unverfälscht zu lassen. Aber er passte sie schlicht seinen Idealvorstellungen an, auch indem er sie alle über einen Kamm scherte. Die *Märchen* wurden kindlich und heimelig, zugleich unpolitisch und züchtig. Er führte Verkleinerungsformen ein, machte aus weiblichen Formen sächliche, aus indirekter Rede direkte, nahm altertümliche Worte auf, fügte Reime ein und änderte überhaupt alles, was als sittlich und moralisch anstößig empfunden werden konnte. Ein schlagendes Beispiel dafür ist *Rapunzel,* wo er die Anspielung auf einen sexuellen Vorgang völlig sinnentstellend tilgte. Der Vergleich der Fassungen spricht für sich:

So lebten sie lustig und in Freuden eine geraume Zeit, und die Fee kam nicht dahinter, bis eines Tages das Rapunzel anfing und zu ihr sagte: „Sag Sie mir doch Frau Gothel, meine Kleiderchen werden mir so eng und wollen nicht mehr passen." – „Ach du gottloses Kind", sprach die Fee.

Erstausgabe von 1812

So lebten sie lustig und in Freuden eine geraume Zeit, und hatten sich herzlich lieb, wie Mann und Frau. Die Zauberin aber kam nicht dahinter, bis eines Tages das Rapunzel anfing und zu ihr sagte: „Sag Sie mir doch Frau Gothel, Sie wird mir viel schwerer heraufzuziehen als der junge König." – „Ach du gottloses Kind", sprach die Zauberin.

Neuausgabe von 1819

Die Zeiten, wenig märchenhaft

Es ist Jacobs Art, die bringt ihn dazu, dass seine eigenen Arbeiten überhandnehmen. Er hat selbst gerade ein Buch *Über den altdeutschen Meistersang* veröffentlicht und zusammen arbeiten wir an der Herausgabe mittelalterlicher Werke wie dem *Hildebrandslied* und dem *Wessobrunner Gebet.* Jacob plant auch eine Zeitschrift *Altdeutsche Wälder.* Die soll streng für Leute vom Handwerk gedacht sein, um auch von dieser Seite den Geist des deutschen Altertums beleben zu helfen. Und natürlich denken wir sofort an die Veröffentlichung eines zweiten Bandes der *Märchen.* Immerhin bekommen wir immer noch neues Material angeboten.

Wenn wir uns selbst auf die Suche machen, ist die Ernte meist
kläglich. Ich gehe deswegen extra einmal in ein Hospital, um
eine alte Frau zu befragen. Aber das Orakel will nicht sprechen, weil es die Schwestern dort nicht wollen. Ich kann jedoch auch zielstrebig sein, wenn ich will: Ich finde jemanden,
der eine Schwester des Hospitalvogts zur Frau hat und den er
dahin bringt, dass er seine Frau dahin bringt, ihre Schwägerin
dahin zu bringen, von der Frau ihren Kindern die Märchen
sich erzählen zu lassen und aufzuschreiben. Da ist es einfacher,
wenn die Leute zu uns kommen. Und das tun sie.

Vor allem eine Frau, die ist einzigartig. Sie heißt Viehmännin
und erzählt sicher und ungemein lebendig mit eigenem Wohl-
gefallen daran, erst ganz frei, dann, wenn man will, noch einmal langsam, sodass man ihr mit einiger Übung nachschrei-
ben kann. Sie muss nach dem Tod ihres Mannes irgendwie für
ihre sieben Kinder sorgen. Als Marktfrau bringt sie uns Lebens-
mittel ins Haus und sie bringt sie in der Hoffnung, von uns
deswegen etwas reichlicher als üblich entlohnt zu werden. Aber
ach, wir können kaum etwas für sie tun. Wenigstens versuchen
wir, zweien ihrer Kinder einen Platz im Waisenhaus zu ver-
schaffen. Sie allein erzählt uns 37 Märchen, darunter *Die Zwölf
Brüder* und *Die Gänsemagd*.

Eine besondere Kuriosität ist der Dragonerwachtmeister Jo-
hann Friedrich Krause. Der ist so bedürftig, dass er bei uns
seine Geschichten wie etwa die vom *Alten Sultan* gegen Klei-
der eintauscht, die wir nicht mehr tragen.

Einen anderen Mann haben wir einmal in Kassel kennen- und schätzen gelernt: August Freiherr von Haxthausen. Seinen 16 Kindern hat er von unterwegs immer wieder Märchen mitgebracht. Deswegen besuche ich ihn auf seinem Familiengut. Dabei fällt mir auf dem Weg doch zweimal die Kutsche um, sodass ich dann mit meinem schwachen Herzen zu Fuß weitergehe. Aber wie zur Belohnung erfahre ich von ihnen Dutzende neue Märchen, darunter *Die Bremer Stadtmusikanten*. Dieses Märchen hat Haxthausen gehört, als er auf Geschäftsreise wegen eines Schneesturms in einem Gasthof festsaß.

Nach und nach versiegen nun aber die Quellen. Wir hören bald kaum noch von neuen Geschichten. Es geht nun vor allem darum, das viele Material ein wenig in Form zu bringen. Mittlerweile überlässt Jacob das im Großen und Ganzen mir. Er weiß, was für eine rechte Freude ich daran habe, hübsch zu formulieren.

Wie nun so unser Alltag doch wunderbar geregelt ist, da brechen wieder ganz neue Zeiten an. Die lassen uns aber innerlich jubilieren. Napoleon hat den Zenit seiner Herrschaft überschritten. Er hat alles auf eine Karte gesetzt und ist in Russland eingefallen. Dort ist seine *Grande Armée* im Winter vollständig untergegangen. Damit geht es auch in Kassel drunter und drüber. Unser König flieht erst einmal, kommt wieder und flieht dann endgültig, als sein Bruder in der Völkerschlacht bei Leipzig scheinbar endgültig besiegt ist. Die kaum gehoffte Rückkehr des alten Kurfürsten Ende 1813 ist ein unbeschreiblicher

Jubel. Bei seinem Einzug in Kassel laufen wir an dem offenen Wagen durch die Straßen hin, die mit Blumengewinden behangen sind. Alles ist in aufgeregter Bewegung.

Auch wir Grimms leisten alle unseren Beitrag, die Franzosen ein für alle Mal niederzuringen. Während sich unsere Brüder Ludwig Emil und Ferdinand und Carl dem verbündeten Befreiungsheer anschließen, wird Jacob als hessischer Legationssekretär* zu Verhandlungen abgeschickt. Nur ich bleibe angesichts meiner angeschlagenen Gesundheit daheim und wache über das Haus.

Fast die ganzen Jahre 1814 und 1815 muss Jacob dann diplomatische Dienste leisten, in Wien und Paris. Er findet dort trotzdem genug Zeit, seine sprachgeschichtlichen Forschungen fortzusetzen. Auch ich kann in dieser Zeit endlich eine Stelle beziehen, zwar nur als Bibliothekssekretär, weil der Kurfürst sparen muss, aber immerhin. Ich finde außerdem mit unserer Schwester Lotte eine neue Wohnung für uns, eine, die billig, geräumig und ganz still ist. Gehören tut sie dem Kurfürsten. Es ist das letzte Haus in der Stadt, dort wo die Wilhelmshöher Allee anfängt, der Wache gerade gegenüber. Der Umzug kostet mich drei Wochen Arbeit von Morgen bis Abend, weil wir inzwischen eine Menge alter Schriften, Papiere und Bücher haben. Von unserem Urgroßvater an ist alles aufgehoben worden. „Es ist wichtig", sagt Jacob, „die Tradition zu bewahren und die Ordnung."

1816 ist endlich alles wieder schön eingerichtet. Jacob selbst ist am Ziel seines Lebens. Er wird unter dem alten Herrn Völkel zum zweiten Bibliothekar in Kassel ernannt und ist damit eigentlich mein Vorgesetzter. Aber das hat nur auf dem Papier Bedeutung. Wir teilen alles, auch unser Gehalt. Jacob hat recht, wenn er sagt, bei uns steht keiner über dem anderen.

Mit unserer Anstellung in der Bibliothek beginnt eine ruhige, arbeitsame und auch fruchtbare Zeit. Nur Jacob wird durch kleine Nebenämter etwas, aber nicht bedeutend gestört. Er ist leider auch für die Zensur* verantwortlich. Die hat der Kurfürst seit Neustem im Land eingeführt. Er traut seinen Untertanen nicht und will das Rad der Geschichte ganz zurückdrehen. Jacob stöhnt deswegen oft auf, vor allem über die vielen Fehler, die er als Zensor in den Korrekturbögen findet. Außerdem hält er das freie Wort für ungefährlich, weil es immer gut ist, wenn die Guten frei reden, und weil die Schlechten sich selbst zu Tode schwätzen.

Der Siegeszug der Märchen

Angesichts der großen Beliebtheit der grimmschen Märchen könnte man denken, der Erfolg hätte bei ihrem Erscheinen schlagartig eingesetzt. Das ist ganz und gar nicht der Fall. Die *Märchen* mussten sich erst durchsetzen oder besser: durchgesetzt werden. Während schon der Verkauf des ersten Bandes von 1812 schleppend verlief, stockte der des zweiten völlig. Auch eine Neuauflage beider Bände, die *Große Ausgabe,* die erst 1819 erfolgte, brachte den Verkauf nicht in Schwung. Im Grunde kam der Erfolg erst durch äußeren Einfluss. In England, wo es bereits ein großes bürgerliches Lesepublikum gab, waren 1823 die schönsten der grimmschen Märchen veröffentlicht worden, und zwar mit Illustrationen. Sie wurden ein großer Erfolg. Daran orientierte sich 1825 Wilhelm Grimm, indem er ebenfalls 50 der schönsten Märchen auswählte und sie mit Illustrationen seines jüngeren Bruders Ludwig Emil Grimm schmückte.

Diese *Kleine Ausgabe* hatte eine Auflage von 1.500 Exemplaren und kostete den runden Betrag von einem Taler. Doch während die entsprechende Ausgabe in

Die Gänsemagd. Lithografie nach einer Zeichnung von Ludwig Emil Grimm (um 1840)

England in jedem Jahr neu aufgelegt wurde, dauerte es mit der deutschen bis 1833, ehe es zu einer zweiten Auflage kam. Erst danach begann auch im deutschsprachigen Raum der Siegeszug der *Märchen,* die bis 1858 neunmal aufgelegt wurden, wobei dieser Erfolg auch wieder auf die *Große Ausgabe* zurückwirkte. Es wurden also in über 30 Jahren höchstens 20.000 Exemplare verkauft, bei einer Bevölkerung von etwas mehr als 20 Millionen. (Im Vergleich betrug bei einem modernen erfolgreichen Buch wie *Harry Potter* die verkaufte deutsche Auflage jedes Bandes im Jahr durchschnittlich mehr als 350.000 Exemplare, bei 100 Millionen Deutschsprechenden.) Nur steigerte sich der Verkauf immer weiter, da *Grimms Märchen* bald als Standardwerk in jeden deutschen Haushalt gehörten – und das ist im Grunde genommen bis heute so geblieben.

Lesung auf einer Abendgesellschaft in Kassel, 1829: Bürgerliche Unterhaltung in einer Zeit ohne Fernsehen und Internet.

Einsame Forscher in Rastlosigkeit

Wir haben es uns schön eingerichtet und leben inzwischen fast wie auf dem Land. Von unserer Wohnung schauen wir nach rechts in das weite Tal mit dem Habichtswald. Wenn kein Wagen kommt, hören wir nur ein paar Hähne schreien und die Schildwache rufen. Mit unserer Schwester Lotte sind wir eine kleine Familie, eigentlich brauchen wir nichts als uns selbst. Nur Wilhelm sagt manchmal, dass in eine Familie doch ein wenig Kindergeschrei gehöre. Auch Lotte denkt so, glaube ich.

Außer an den *Märchen* arbeiten wir auch seit Langem an einer Zusammenstellung für einen Band *Deutsche Sagen*. Im Unterschied zu den Märchen, die ja mündlich erzählt werden, müssen wir dazu alte Bücher durcharbeiten. Ich kann eine solche Freude empfinden, wenn ich in einem alten ledergebundenen Band, vielleicht noch auf Pergamentseiten, einen Text entziffern kann, den seit Generationen niemand mehr zu Gesicht bekommen hat! Dann freue ich mich fast wie ein Kind, das zu Weihnachten das schönste Geschenk bekommen hat. Bald haben wir sage und schreibe 600 Sagen zusammengestellt, die wir in zwei Bänden veröffentlichen.

Ich kenne aber in meinem Forscherdrang keine Rast. Noch den schwierigsten Text lese ich bis auf jeden Buchstaben getreu durch und hinterfrage dabei jedes Wort. Wilhelm gefällt es eher, auf eine spannende Geschichte zu stoßen, die er dann schön bearbeiten kann. Ich will aber bis zum Grund der Sprache vordringen. Ist es nicht wie in der Chemie, wie da die Stoffe zusammengesetzt sind, wo es eine Ordnung mit Gesetzen und Regeln gibt? Nur sind die in der deutschen Sprache verschüttet. Man kann sie aber erkennen, wenn man sie bis zum Ursprung zurückverfolgt, sogar zurück bis zum Gotischen[*]. Dann lässt sich beweisen, wie alle deutschen Sprachstämme innigst verwandt sind. Ich freue mich aber schon darüber, wenn ich nur ein einzelnes verschollenes deutsches Wort ausgraben kann, das wir dann unserem Land wieder aneignen können. Mir liegt so viel daran, zur deutschen Einheit beizutragen. Als meine *Deutsche Grammatik*

erscheint, arbeite ich schon an einem zweiten Band dafür, der wieder über 1.000 Seiten umfassen wird.

Inzwischen vergeht die Zeit und es kommt zu unschönen Veränderungen. Zuerst stirbt 1820 die Frau des höchstseligen Kurfürsten, die uns immer gefördert hat. Ein Jahr später folgt ihr Mann nach. Dessen Nachfolger zieht im Regierungsgeschäft leider andere Saiten auf. Der neue Kurfürst ist ganz leer und eitel, hat einen Mangel an Ordnung und Haltung und einen starren Eigensinn. Wilhelm empört am meisten, dass er schon am Morgen nach dem Tod seines Vaters die Möbel seiner Geliebten in sein Palais schaffen lässt. Wir halten daher zu seiner Frau, der Kurfürstin, die sich in ein eigenes Schlösschen bei Kassel zurückzieht. Dort besuchen wir sie immer mal wieder und tauschen uns mit ihr und den freiheitlich Gesinnten in ihrer Nähe aus. Das müssen wir büßen.

Bald haben wir unsere Wohnung in der Wilhelmshöher Straße zu räumen, wünscht doch der Kurfürst, dass dort eine Behörde einziehe. Es ist jedoch schwer, in Kassel eine geeignete Wohnung zu finden. Wir finden dann eine in der Fünffensterstraße, bei einem Schmied. Was für ein Unterschied: Statt Ruhe und schöner Aussicht ist uns nun der Blick versperrt und wir hören die Schmiedehämmer lärmen.

Auch in der Verwaltung der Bibliothek treten auf einmal Veränderungen ein. Vorher bekamen wir einmal jährlich unseren Etat zugesprochen. Nun müssen wir wegen jeder einzelnen Ausgabe beim Oberhofmarschallamt nachfragen, und damit nicht genug: Zur Kontrolle der Buchbestände wünscht diese Behörde eine Abschrift des gesamten Katalogs, der aus 80 dickleibigen Bänden besteht. Wir versuchen alles, um die Behörden umzustimmen, aber es hilft nichts. Der alte Völkel, mein Bruder und ich müssen wirklich Hand anlegen. Anderthalb Jahre verwenden wir die edelsten Stunden auf diese Abschrift, deren Zweck wir nicht einsehen. Dieses Geschäft, gestehe ich, wird uns das sauerste in unserem Leben. Ich arbeite manchmal wie besessen, um nur ja wieder Zeit für meine Forschungen zu haben. Trotzdem möchte ich eine ordentliche Arbeit abliefern und weise uns immer wieder auf Fehler bei der Abschrift hin. Immerhin haben wir danach wieder Ruhe und leben mit der Gewissheit, dass wir uns den Inhalt der Bibliothek nun erst recht anvertraut haben.

Leider will sich die Ordnung in unserem Leben trotzdem nicht wieder einstellen. Wir haben gar nicht recht erfahren, was sich sozusagen hinter unserem Rücken abgespielt hat: 1822 macht unser Nachbar Ludwig Hassenpflug* unserer Lotte einen Heiratsantrag. Sie tritt dann im Brautkleid ganz blass vor innerlicher Bewegung vor uns hin. Da gleicht sie so sehr unserer seligen Mutter, die wir nur blass und kränklich kannten, dass Wilhelm die Tränen kommen. Wir wünschen ihr alles Gute, aber die traurige Stimmung bleibt, weil Lotte uns nach der Trauung verlässt.

Nun, wir kommen auch allein zurecht. Doch haben wir zusätzliche Arbeit. Ich bin jedoch schon sehr geschickt darin, die Hemdkragen so zu bügeln, dass sie ohne die kleinste Falte wie ein Buch gerade stehen. Ich kann auch schon gut stopfen. Als ich das aber Wilhelm beibringen will, beklagt er sich, dass ich schimpfe, wenn er irgendwo eine Masche offen gelassen hat.

So geht das Leben seinen Gang. Leider fehlt uns ein wenig Wärme und Zuneigung im Haus. Ich habe das wohl nicht so nötig wie Wilhelm, auch wenn ich manchmal etwas schwermütig bin. Aber ich kann nichts anderes sehen als meine Arbeit, die mich wie einen Goldsucher vorantreibt. Wenn mir Wilhelm vorschlägt, dass vielleicht einer von uns beiden heiraten könnte, winke ich ab. Für eine Frau habe ich keine Zeit. Wilhelm drängt es manchmal geradezu aus dem Haus. Da helfen ihm auch die Märchen, von denen er sich immer noch möglichst neue erzählen lässt – auch immer noch bei der Familie Wild, wie ich höre. Dort muss er sowieso oft vorbei, um sich in der Apotheke Medikamente für sein schwaches Herz zu holen. Ich beobachte das mit Argwohn. Wilhelm sagt aber, er werde mir immer treu ergeben sein.

Der Kampf ums Wort

Die Grimms fanden grundsätzliche Prinzipien bei der Entstehung von Sprachen wie die berühmte Lautverschiebung, das „Grimmsche Gesetz". Daran lässt sich erkennen, wie sich in der Entwicklung der indogermanischen Sprachen die Laute gewandelt haben. Eine solche Lautverschiebung gab es zweimal. Die letzte hat ab dem sechsten Jahrhundert das Hochdeutsche vom Niederdeutschen abgespalten. Dabei änderte sich besonders die Aussprache bestimmter Verschlusslaute. Seitdem sagte man im Süden „Schiff" statt „Schipp" oder „zahm" statt „tam".

Überhaupt stellten sie fest, dass Sprachen einem ständigen Wandel unterliegen. Sie sahen darin aber eher einen Niedergang. Wilhelm Grimm schrieb dazu: „Man wird endlich erkennen, dass auf den alten Zeiten der Völker der erste Glanz der Sonne und das Morgenrot gelegen sei."

Besonders im Deutschen sahen sie diesen Niedergang, der seit der Lutherzeit schlimme Ausmaße angenommen habe. In ihren Augen gab es da große Willkür, wenn etwa gleich klingende Wörter unterschiedlich geschrieben wurden, so wie bei „grün" und „kühn" und bei „Haar und Jahr"; sogar bei einfachen Wörtern wie „wir" und „ihr".

Deswegen versuchten die Brüder Grimm, selbst Änderungen durchzusetzen oder neue Standards zu setzen. Jacob Grimm ging schon früh von der sogenannten deutschen zur lateinischen Schrift über, die er schlicht für besser lesbar hielt. Es waren jedoch erst ausgerechnet die Nazis, die auf dem Höhepunkt ihrer Macht die „Deutsche Schrift" abschafften, weil diese für die unterworfenen Völker in Europa nur schwer zu lesen war.

Das große Vorbild für ihre Reformen sollte das *Deutsche Wörterbuch* sein, das auch dazu dienen sollte, den Deutschen den richtigen Umgang mit ihrer Sprache beizubringen. Jacob Grimm stellte sich sogar vor, dass man es in der Familie lesen könnte: „Warum sollte der Vater sich nicht ein paar Wörter daraus ausheben und sie abends mit den Knaben durchgehen, zugleich ihre Sprachgabe prüfen und die eigene anfrischen? Die Mutter würde gern zuhören." Er versuchte, darin auch ein Beispiel zu setzen, indem er die „philistrische [spießige] Erfindung" der Großschreibung abschaffte. Das tat er auch im persönlichen Gebrauch. Zu seinem Verdruss fand er aber keine Nachahmer. Erst mit der Gründung des Deutschen Kaiserreiches 1871 kam es zu einer behutsamen Rechtschreibreform, die ein Jahrhundert Bestand hatte. Seit den 1980er-Jahren wurde dann ein zweiter Versuch einer neuen Rechtschreibregelung gewagt.

Die Brüder Grimm haben beispielhaft gezeigt, welche Bedeutung Sprache hat, auch gesellschaftlich und politisch – und was für eine spannende Wissenschaft Sprache doch sein kann.

Viel Glück und so viel Trauer

Es ist das Jahr 1825, dass ich mich entscheide, doch zu heiraten, obwohl wir unseren Haushalt inzwischen sehr gut allein führen. Wer die Auserwählte sein würde, das hat sich sozusagen von selbst ergeben. Es ist die eine Tochter der Apothekersfamilie Wild. Sie heißt wie unsere Mutter Dorothea. Aber wir nennen sie nur Dortchen. Wenn jemand zu uns und unserem Wesen passt, so ist sie es. Auch Jacob sagt bald, sie fügt sich perfekt in den Haushalt ein, sodass unsere ewige Gütergemeinschaft darunter nicht leidet, im Gegenteil: Wir können besser als zuvor in Ruhe arbeiten.

Das Glück wird vollkommen, als im Jahr darauf ein Sohn geboren wird. Den benennen wir nach Jacob. Auch unserer Schwester Lotte wird ein Kind geboren, Agnes. Doch dann wiederholt sich gleich doppelt das Schicksal unserer Eltern. Wie es Winter ist, da wird auf einmal die kleine Agnes schwer krank und stirbt. Als Jacob dem Mädchen die Augen zudrückt, halten wir es durch die Wahrscheinlichkeit für gesichert, dass uns der Schlag nicht zweimal treffen könnte. Doch dann ringt auch das arme Jacöbchen mit dem Tode. Jacob sitzt zwölf Stunden lang bei dem Bett des Kindes, zu ihm herabgeneigt, bis zu seinem letzten Atemzug. Jetzt liegen sie beide zur Rechten und Linken unserer seligen Mutter Dorothea. Ich habe dafür nicht genug Tränen.

„In dieser Trübsal bleibt uns wenigstens die Arbeit", sagt Jacob.
Zur Abwechslung gehen wir nun auch öfter auf Reisen. Da treffen wir gelehrte Freunde und besuchen alle möglichen Bibliotheken. Wieder zurück, tauschen wir die Schätze aus, die wir
gefunden haben. So können wir doch wieder zufrieden sein,
auch weil wir wieder eine herrliche Wohnung gefunden haben,
abermals am Park Wilhelmshöhe. Vor uns im Grund liegt die
prächtige Aue und die Orangerie und ringsherum die nahe und
ferne Bergkette, dazwischen der Strom, der mitten durch das
Tal sich langsam fortzieht. Dabei ist es fast immer still und

nichts von dem Stadtlärm zu hören. Die Düfte der Orangen und Linden dringen aus dem Park herauf. Eine schönere Landschaft als uns täglich vor Augen liegt, kann man sich kaum denken. Ich erinnere mich deswegen immer wieder an unsere schöne Kindheit in Steinau. Wenn ich dann im Traum an meinen Sohn denke, muss ich auch nicht mehr niedergeschlagen sein. Denn ich darf mich wieder auf ein Kind freuen. In einer solchen Stimmung arbeite ich dann gern an den *Märchen*.

1828 wird unser zweites Kind Herman geboren. Er will zwar nicht recht gedeihen, bleibt aber am Leben. Jacob mag ihn so, dass er sein zweiter Vater wird. Der Kleine nennt mich dann den Papa und ihn den Apapa. So kann die Forschungsarbeit erfüllt weitergehen. Jacob erscheint sie wohl manchmal wie eine Art Gottesdienst.

Doch wenn man meint, das Glück gefunden zu haben, da wird solcher Übermut bestraft. Im Januar 1829 stirbt der leitende Bibliothekar Völkel, dem wir ein längeres Leben zugetraut hätten. Wir bilden uns nun ein, gerechte Ansprüche auf Beförderung zu haben. Jacob ist nun schon über 20 Jahre im Dienst und hat seit 13 Jahren niemals um Zulage angehalten und niemals eine erlangt. Allein es schlägt anders aus. Wir bekommen einen neuen Bibliothekar als Direktor vorgesetzt und behalten nur unsere Posten, verbunden mit einer Gehaltserhöhung von 100 Talern. Damit ist uns jede weitere Aussicht auf Beförderung abgeschnitten. Jacob ist tief gekränkt. Wem, wenn nicht ihm, hätte der Posten des Direktors zugestanden? Er hat zuvor sogar eine Professur in Bonn abgelehnt, weil er in Hessen zu leben und zu sterben gedenkt. Auch ich sehe ein, dass wir dem Gefühl der Ehre folgen müssen. Wir kündigen. Allerdings haben wir unter der Hand sogleich erfahren, dass wir an der Universität in Göttingen angestellt werden können.

Die geliebte und gewohnte Heimat aufzugeben, scheint uns so hart und schmerzhaft. Ich spreche immer wieder von unserem Weggang aus Steinau. Für Jacob ist es fast noch unerträglicher, die uns so vertraute Arbeit und die uns Frucht bringende Muße aufzugeben. „Wie können wir unser Leben und unsere Wohnung neu ordnen", fragt er. Inzwischen haben wir Wagenladungen an wichtigen Büchern, Handschriften, Dokumenten, Abschriften, Verzeichnissen, Zettelkästen angesammelt, die alle an ihrem Platz stehen. Wie lässt sich da je wieder Ordnung herstellen?

Jacob bringt Wochen damit zu, die Umzugskisten säuberlich zu ordnen und zu beschriften. Und er ermahnt die Kutscher zu Vorsicht. Ihm kann jeder im Wind verwehte Zettel die Arbeit durcheinanderbringen, die er doch dem deutschen Volk leistet. Ist es ein böses Omen, wie wir dann nach Göttingen übersiedeln? Auf der Fahrt wird die Kälte beinahe unerträglich, auch weil der Wagen sich nicht völlig verschließen lässt. Jacob ist besorgt um mich und schaut mich immer wieder mitfühlend an. Er bewahrt unter dem Mantel ein Blumenstöckchen. Dessen Blätter werden aber in Göttingen schwarz und fallen ab. Gerade als wir dort in der Bibliothek eingeführt werden, da hören wir, dass in Kassel unser Söhnchen Herman sehr krank ist. Während sich Jacob zur Ablenkung in alte Bücher versenkt, die er noch nie gesehen hat, packt mich ebenfalls das Fieber. Erst nach zehn Tagen kann ich nach Kassel aufbrechen. Dort finde ich das arme Kind, das ich frisch und rot verlassen hatte, bleich und abgezehrt. Es streckt seine mageren Händchen nach mir aus und ruft mich zu sich ans Bett. Ich weiß keinen Tag meines Lebens, wo ich mich so wenig zu fassen wusste. Ich wache dann bei meinem Söhnchen, das erst nach einem neunstündigen totenähnlichen Schlaf gesundet. Die zweite Fahrt nach Göttingen geht mit Frau und Kind glücklich in einem mit Wärmflaschen erheizten Glaswagen. Wie wir uns über das Wiedersehen freuen! Und Jacob berichtet mir von unglaublichen Schätzen, die er inzwischen gefunden hat.

Die Kritik an den Märchen

Zu den Grimmschen Märchen gab es von Anfang an warnende Stimmen, weil es sich doch um Texte für Kinder handeln sollte. Schon Wilhelm Grimm hat deswegen viele Korrekturen vorgenommen, die aber noch den Moralvorstellungen seiner Zeit entsprangen: In der ersten Ausgabe der *Kinder- und Hausmärchen* gab es durchaus sexuelle Anspielungen und ganz areligiöse Darstellungen. Trotzdem waren die Märchen an sich zur Kindererziehung gedacht. So schrieb etwa Jacob Grimm 1813 an einen Freund: „Deine Kinder sollen, wie ich hoffe, viel aus dem Buch lernen. Es ist unsere bestimmte Absicht, dass man es als ein Erziehungsbuch betrachte. Du musst nur erst warten, bis sie es verstehen können, und dann nur nicht zu viel auf einmal, sondern nach und nach immer einen Brocken dieser süßen Speise geben." Auch Wilhelm Grimm schrieb 1814 ausdrücklich, dass „die Absicht zu einer moralischen Nutzanwendung in den Märchen liegt".
Nun wird bis heute das bedenkliche Weltbild der Märchen gerechtfertigt. Ja, sie werden sogar wieder ausdrücklich empfohlen. Sie würden bei Kindern „Lebenskrisen lösen", heißt es, und „den Umgang mit Schuld, mit Gefühlen von Verlassenheit und Rachewünschen erleichtern". Umgekehrt zur Absicht der Brüder Grimm wird dann auch behauptet, dass die *Märchen* keine biedere Erziehung unterstützen würden. Aus dem *Froschkönig* könnte man zwar herauslesen, man solle halten, was man versprochen hat,

aber dann knallt die Königstochter den Frosch an die Wand und wird *dafür* belohnt, und zwar mit einem Königssohn zum Gemahl. Nur ist das in diesem Fall eine der undurchsichtigen Änderungen des Erzählflusses wie in vielen der *Märchen*. Es komme darin nun mal Über- und Urzeitliches vor, heißt es. Viele Märchen sind in Sachen Erziehung aber ganz eindeutig, wie *Frau Holle:* Die fleißige Tochter wird mit Gold überschüttet, die faule dagegen mit Pech,

Eine heile Welt: Entwurf für ein Titelblatt der *Märchen*.

das ihr Leben lang fest an ihr hängen bleibt. Obendrein werden die Mädchen auch nach ihrem Aussehen eingeteilt: Das fleißige Mädchen ist schön, das faule hässlich.

Einige Märchen sind in ihrer Moral geradezu abstoßend, wie das von *König Drosselbart:* Da soll eine „stolze und übermütige" Königstochter gezwungen werden, gegen ihren Willen irgendeinen Mann zu heiraten. Als sie sich dagegen mit Witz wehrt, wird sie mit einem Bettler verheiratet, der sie schikaniert und in aller Öffentlichkeit demütigt, um ihren „stolzen Sinn zu beugen". Am Ende sieht sie das „große Unrecht" ein, das sie getan hat, und nimmt ihren Peiniger gern zum Mann.

Dabei wird heute meist eines der *Märchen* stillschweigend übergangen, das aber grundsätzlich dazugehörte: *Der Jude im Dorn,* ein schlimmes Machwerk von traditionellem Judenhass. Darin wird ein Jude nur wegen einer angeblichen jüdischen Eigenschaft, nämlich die Christen zu schinden und ihnen ihr redlich verdientes Geld zu rauben, zuerst gequält und dann als Dieb aufgehängt.

Überhaupt gibt es grundsätzliche Aussagen, die sich durch alle *Märchen* ziehen, die dem Zeitgeist entsprachen und von dem konservativen Wilhelm Grimm oft bewusst eingefügt wurden: Männer befehlen, Frauen gehorchen; Mädchen sind ängstlich; eine Frau wird an den Richtigen verheiratet, dann ist sie glücklich; die Gesellschaft wird von Monarchen geführt; unter Frauen gibt es Zauberinnen und Hexen, die mit Recht getötet werden können; der liebe Gott behütet und beschützt; Schönheit und Reichtum sind das Maß aller Dinge.

Was an Kritik immer blieb, ist die Brutalität in vielen der Märchen: In *Aschenputtel* verlangt die sadistische Stiefmutter von ihren Töchtern, sich die Zehe und ein Stück von der Ferse abzuhauen, in *Hänsel und Gretel* mästet die „böse Hexe" den Jungen, um ihn zu schlachten und zu essen, in *Schneewittchen* muss die „gottlose Stiefmutter" in glühende Eisenpantoffeln steigen und so lange tanzen, bis sie tot zur Erde fällt. Das führte sogar dazu, dass nach der verheerenden Nazizeit einige die *Märchen* mit für die Verrohung der Deutschen verantwortlich machen wollten. Die Kritik daran hat jedenfalls nicht nachgelassen, solange die *Märchen* gelesen worden sind. Und da sie bleiben werden, schon weil sie in den Medien immer neu umgesetzt werden, ist es heute umso wichtiger, auf die Verantwortung der Eltern zu setzen – wie es auch ganz allgemein gilt: Dass man darauf achte, welche Geschichten man den Kindern in welchem Alter mit welcher moralischen Nutzanwendung beibringt.

Auszug aus der Heimat

Im neuen Jahr 1830 treten wir unsere neuen Stellungen an, ich als ordentlicher Professor und Bibliothekar, Wilhelm als Unterbibliothekar. Die Besoldungen sind so angemessen, dass sie unserer steten Nahrungssorge im hessischen Dienst ein Ende machen. Zwar ist die Göttinger Gegend nicht zu vergleichen mit der Kasseler, aber die nämlichen Sterne stehen am Himmel und Gott wird uns weiterhelfen.

Trotzdem scheint uns Göttingen nicht wohlgesinnt, wo wir weiter unseren gemeinsamen Haushalt führen. Zwar wird Wilhelm bald ein zweiter Sohn geboren, Rudolf genannt, doch schon ein Jahr nach unserer Ankunft erkrankt mein Bruder so, dass er mehrere Tage lang am Rande des Abgrunds steht. Einmal stocke ich sogar bei einer Vorlesung und sage entschuldigend: „Mein Bruder ist so krank."

Als sich die Ordnung wiedergefunden hat und sogar noch ein Töchterchen mit dem Namen Auguste geboren wird, trifft es ein Jahr später unsere beiden Frauen schwer, nur dass Dortchen überlebt, aber unsere Lotte nicht, die unserem Schwager Hassenpflug immerhin sechs Kinder geboren hat. Sie war brav und rechtschaffen, aber ich fürchte leer, der Mutter im Äußeren und sonst ähnlich, aber lange nicht so gut. Die Mutter ist viel frömmer und weiblicher erzogen worden.

Dann ringt auch Wilhelm wieder mit dem Tod, wochenlang. Er kommt aber durch und wird wie zur Belohnung 1835 ebenfalls zum Professor ernannt. Zwei Jahre später wendet sich das Blatt allerdings ganz anders: In Hannover wird ein gewisser Ernst August neuer König. Der gibt im Unterschied zu seinem Vorgänger nichts auf moderne Staatsformen. Er hebt die Verfassung, die erst vor einigen Jahren beschlossen worden ist, schlichtweg auf. Auf die haben wir als Professoren jedoch unseren Eid geleistet. Von dem aber werden alle „königlichen Diener" entbunden. Das ist zu viel. Mit meinem Bruder und nur fünf anderen aufrechten Professoren tun wir nichts anderes, als in einer Erklärung öffentlich gegen diesen Verfassungsbruch zu protestieren. Wie könnten wir sonst vor unsere Studenten als Vorbilder an Redlichkeit und Sittlichkeit treten und wie vor unser Gewissen? Die Folgen sind drastisch: Fortan sind wir die „Göttinger Sieben", wobei drei als besonders aufrührerisch gelten und innerhalb von drei Tagen das Land Hannover zu verlassen haben, darunter auch ich. Widrigenfalls werde man uns gefänglich einziehen, heißt es.

So verlassen wir also nach sieben Jahren Göttingen, ich zuerst, wobei mich an der Landesgrenze Hunderte Studenten abpassen, an meiner Kutsche die Pferde ausschirren, sie an der Deichsel fassen und mit Hoch-Rufen eigenhändig bis zum Schlagbaum ziehen. Wilhelm folgt mit seiner Familie bald nach.

Hätte ich voraussehen können, was mir in Göttingen bevorstünde, ich würde mich mit Händen und Füßen gesträubt, den geliebten Boden der Heimat nie verlassen haben. So ist unsere Rückkehr nach Kassel in gewisser Weise auch eine Befreiung. Zwar haben wir nun kein Einkommen, aber tatsächlich spendet das Volk zu unserer Unterstützung Geld. Außerdem haben wir gespart und inzwischen gehen für unsere vielen gedruckten Arbeiten immer mal wieder Honorare ein, auch für die *Märchen*. Die werden demnächst als große Ausgabe in der vierten Auflage erscheinen. Wie gewünscht, haben sie sich im deutschen Volk durchgesetzt.

Trotz unserer schwierigen Lage freuen wir uns doch auf das neue Leben in Kassel, wo es uns immer sehr gefallen hat. Ich habe mich sofort an den Schreibtisch verzogen und überlasse die Dinge des Lebens Wilhelm und seiner Familie, sogar die Haushaltskasse.

Die Arbeit will nie versiegen. Ständig gibt es Neues zu entdecken. Inzwischen trage ich mit großer Freude eine Sammlung von *Weis-*

tümern zusammen, worin anhand vieler Fälle gezeigt wird, wie unterschiedlich in den vergangenen Jahrhunderten in Deutschland das Recht gebraucht worden ist. Davon werden erst einmal zwei umfangreiche Bände erscheinen.

In dieser seltsamen Übergangszeit erhalten wir ein unglaublihes Angebot: Wir sollen ein Wörterbuch der deutschen Sprache verfassen. Wir wissen nicht, ob wir uns geehrt oder bedroht fühlen sollen. Wilhelm sagt, ihn schaudere, wenn er nur an die Vorarbeit denke, die wenigstens sechs Jahre hinwegnehmen würde. Wir überlegen und überlegen und überlegen. Sind wir aber für ein solches Werk nicht geradezu bestimmt? Wir sagen doch zu und machen unser Vorhaben im August 1838 öffentlich: Damit kann es nun kein Zurück mehr geben. Nur wie viele Wörter hat eine Sprache? Tausende? Doch Zehntausende! Und wo kommen die alle her und wie werden sie gebraucht? Zwar haben wir bald Dutzende von Mitarbeitern gewonnen, die uns Material schicken sollen, möglichst schon nach einem Schema geordnet, aber je mehr davon eintrifft, desto weniger können wir gewiss sein, ob überhaupt unser Leben dazu ausreicht. Wilhelm ist deswegen manchmal niedergeschlagen. Einmal sagt er, wir hätten uns für den Rest des Lebens zu Sklaven des Alphabets gemacht.

Trotz unserer ungesicherten Lage fühlen wir uns eigentlich wohl. Es ist zwar ein seltsames Gefühl, im Leben ganz auf sich selbst gestellt zu sein und nur bei den Buchstaben Rückhalt zu haben, aber sie geben wenigstens Sicherheit. Und die gibt uns auch das Verhalten der Bevölkerung. Überall erfahren wir Anerkennung und

Lob für unser Auftreten in Göttingen. Der Vorsitzende einer Schule hat sich jüngst geweigert, für unseren kleinen Rudolf das Schulgeld anzunehmen. Als ihm deswegen das Dortchen freundlich die Hand reicht und sagt: „Es ist doch schön, dass Sie uns treu bleiben", erwidert er feierlich: „Frau Professorin, treu bis in den Tod!" Von überall erfahren wir Unterstützung und hören auch von der Bereitschaft, uns hier oder dort neu anzustellen. Aber Ernst Augusts Arm reicht weit, sind doch die deutschen Herrscherhäuser alle miteinander versippt. Erst als in Berlin Friedrich Wilhelm IV.* den preußischen Thron besteigt, wendet sich das Blatt. Denn dieser Herrscher hat doch liberale Einstellungen. Mithilfe diplomatischer Winkelzüge werden wir als freie Forscher an die Berliner Universität berufen, bei einem Gehalt von zuerst 2.000, dann

3.000 Talern, wodurch wir endlich einmal der Sorgen überhoben sind. Immerhin musste ich bisher immer meine Neigung, mir das eine oder andere teure Buch zu kaufen, sehr bezähmen.

Im ausgehenden Winter 1841 sind wieder einmal zwei Fuhrwerke mit unseren Habseligkeiten im Gewicht von 135 Zentnern auf langer Reise unterwegs. In dem Wagen mit all den Verzeichnissen zu unserem Wörterbuch fahre ich persönlich mit.

Die Politik der Brüder Grimm

Wegen ihres politischen Verhaltens als „Göttinger Sieben" sind die Brüder Grimm oft als Vorkämpfer für die heutige Gesellschaft mit demokratischen Grundsätzen herausgestellt worden. Was sie in Göttingen aber schlicht taten, war, auf Vereinbarungen zu bestehen, die einmal getroffen worden waren. Sie hatten einen Eid geschworen und den konnten sie nicht brechen, wenn sie nicht gegen ihr Gewissen und ihren ehrlichen Ruf an der Universität handeln wollten. Sie wandten sich gegen staatliche Willkür. Trotzdem waren sie nicht etwa gegen die Herrschaft von Königen und Fürsten eingestellt, im Gegenteil. Sie sahen die Monarchie als beständigste und beste Herrschaftsform, nur dass sie an eine Verfassung gebunden sein sollte, an allgemein gültige Gesetze. Ihr Vorbild von Staatsform war die „konstitutionelle Monarchie".

Ihr zweites großes politisches Streben galt der deutschen Einheit, die eigentlich ihr Lebensziel war. Ob mit Fachbüchern oder Märchensammlungen: Sie wollten damit dem in Einzelstaaten zersplitterten deutschen Volk eine Identität geben. Zur Vorbereitung der staatlichen Einheit wollten sie ein deutsches Nationalbewusstsein schaffen. Vor allem in dieser Hinsicht kritisierten sie dann doch die Monarchen zu ihrer Zeit, die nämlich davon nichts wissen wollten und ihre rückständigen Herrschaftssysteme verteidigten. Als dann 1848 der Versuch der Frankfurter Nationalversammlung, den Deutschen eine Einheit und Verfassung zu ge-

Feierlich und voller Hoffnung zogen die Abgeordneten des ersten deutschen Parlaments in die Frankfurter Paulskirche.

ben, scheiterte, resignierten auch die Grimms wie so viele zu ihrer Zeit. Das Bürgertum zog sich in die Privatheit zurück und machte nur noch sogenannte Realpolitik: Man kämpfte für keine neuen Ziele mehr. So schrieb Jacob Grimm 1851 an einen befreundeten Historiker: „Die Flamme des Rechts wird jetzt mit Gewalt ausgelöscht und wer weiß, wann ihr Funke wieder ausbricht? Es ist gut, dass Sie sich in der Arbeit Trost suchen, ich tue es auch."

Diese Frustration über die ausbleibende deutsche Einheit radikalisierte allerdings die politische Einstellung der konservativen Brüder Grimm in ihren letzten Lebensjahren. Das ging bei Jacob Grimm so weit, dass er beinahe wie ein Revolutionär klang. In einem Brief von 1858, nur wenige Jahre vor seinem Tod, schrieb er über „das traurige Schicksal unsers Vaterlandes": „Es ist an gar keine Rettung zu denken, wenn sie nicht durch große Gefahren und Umwälzungen herbeigeführt wird. Es kann nur unter rücksichtsloser Gewalt geholfen werden. Je älter ich werde, desto demokratischer gesinnt bin ich."

1870 setzte dann Otto von Bismarck (1815–1898) die deutsche Einheit durch und gründete das wenig demokratische, obrigkeitsstaatliche deutsche Kaiserreich. Das wäre für die Grimms bestimmt der ideale Staat gewesen.

Zufrieden und doch nicht

Es ist nun Berlin, das bestimmt ist als Krönung all unserer Anstrengungen. Wir wohnen als angesehene Forscher in Deutschlands blühendster Stadt, können über unsere Arbeit an der Universität und zu Hause beinahe frei entscheiden und wissen die bekanntesten deutschen Wissenschaftler in unserer Nähe. Wir haben auch wieder eine recht hübsche Wohnung mit immerhin zehn Stuben und einem Balkon, am Rande des Tiergartens fast wie in einem Landhaus. Ich kann meine Spaziergänge machen, ohne die geräuschvolle heiße Stadt zu berühren. Der Schreibtisch ruft zu glücklicher Muße und Zeit zum Arbeiten. So geht das Leben ach so angenehm dahin, mit Vor-

lesungen an der Universität, Geburtstagen mit studentischen Lebe-hoch-Rufen, Ansprachen mit dem Appell an das Nationalgefühl, Reisen auch ins Ausland, Kuren, Ehrungen, Ordensverleihungen. Ich genieße nun eigentlich die Früchte unserer Arbeit. Nur Jacob, der hat das Gefühl, uns bliebe immer weniger Zeit, je älter wir werden und desto ruhiger und sicherer unser Leben verläuft ... Noch immer beschäftigen uns die Vorarbeiten für das *Wörterbuch*. Dafür stehen inzwischen Hunderttausende von Zetteln in Kästen bereit. Wissen braucht so viel Platz. Wenn wir meine Frau nicht hätten! Ihr gelingt es, die neue Wohnung endgültig so einzurichten, dass diese alles Material aufnehmen kann und doch gemütlich ist. Jacob spricht inzwischen davon, dass wir es in unserem Leben wenigstens bis zum O schaffen sollten. Dann hätten wir zumindest mehr als die Hälfte der Arbeit geleistet.

1848 protestiert in Deutschland das Volk. Wieder einmal geht die Unruhe von Frankreich aus, wo zum zweiten Mal die Republik ausgerufen wird. Unser Frieden wird dadurch arg gestört. Doch Jacob sagt, das ist auch eine Gelegenheit für die deutsche Einheit. Er wird nämlich als Abgeordneter nach Frankfurt am Main einberufen. Dort soll ein Parlament eine deutsche Verfassung erarbeiten und somit die deutsche Einheit herbeiführen. So aufgeregt habe ich Jacob nie gesehen. Er lässt alles stehen und liegen und macht sich im März auf den Weg. Er vergisst sogar, das Tintenfass auf seinem Schreibtisch zuzumachen.

Seine Stimme hat auch wirklich Gewicht. In der Nationalversammlung bekommt er unter den 800 Abgeordneten einen eigenen Sitz in der ersten Reihe. Doch bald erschöpft sich seine Energie. Viermal ergreift er das Wort, um seine Haltung durchzusetzen. Er sagt, er möchte ein freies einiges Vaterland unter einem mächtigen König. Und er ist gegen alle republikanischen Gelüste. Doch er kann sich nicht durchsetzen. Radikale Gruppen sehen die Einheit Deutschlands ganz anders. Sie wollen freie und gleiche Rechte für jedermann, darunter auch das Recht auf freie Wahlen, die Pressefreiheit, die Versammlungsfreiheit. Im Oktober gibt Jacob seinen Sitz entnervt auf. Er ist nicht geschaffen für das Abwägen von Meinungen und das Beraten und Abstimmen und Schlichten.

Jacob ist einfach froh, wieder an den Schreibtisch zurückzukönnen. Er sehnt sich nach unseren Zettelkästen. Immer wieder ärgert er sich, wenn er etwa zu den Wörtern mit „br" arbeitet und dort auch „bl"s findet, weil ich ein wenig unaufmerksam beim Einordnen war. Er kann dann auch gemein zu mir sein und sehr schimpfen. Neulich, da war er vor Zorn ganz rot im Gesicht. Als ich nach Hause komme, fragt er mich nach den „be"s. Er sagt, er hat schon den halben

Tag danach gesucht. Da fällt mir heiß ein, dass ich den Zettel-kasten in meinen Schreibtisch gestellt habe. Denn ich brauchte weitere Informationen zu „deuten" und habe dabei auch an „Bedeutung" gedacht. Wie ich ihm den Kasten reiche, da wirft er mir vor, ich könnte wenigstens etwas Ordnung auf meinem Schreibtisch halten. Nachher verzeiht er mir aber wieder. Ich entschuldige mich auch noch mal. Denn ich verstehe ja seine Frustration, wenn er für ein Wort wie „Bewegung" viele Stunden lang vergeblich seine Unterlagen durchsehen muss.

Jacob will nun keine Zeit mehr verschwenden. Seine Lehrtä-tigkeit an der Universität gibt er auf. Eigentlich ist er nie ein Mann der Öffentlichkeit gewesen, nie einer des gesprochenen Wortes. Seine Welt, das ist die Stille des Schreibtischs mit dem Rascheln von Papier und dem Kratzen der Schreibfeder. Er knapst die Fahne daran tief herunter ab, damit er sie so rasch wie möglich bewegen kann.

Als auch ich 1852 der Universität den Rücken kehre, freut sich Jacob ungemein: Nun sind wir wieder an unseren Schreib-tischen vereint. Er sagt, es treibt ihn an, zu wissen und auch zu hören, dass sein lieber Bruder im Zimmer neben ihm wirkt. So kann ich auch ganz leicht seine eigenen Texte durchsehen. Ich bin ja sein wichtigster Kritiker und eigentlich auch sein Pub-likum.

Die deutsche Sprache als Buch

Die Erforschung der Sprache hatte bei den Brüdern Grimm auch immer eine politische Bedeutung. Für sie machten den Staat „Deutschland" diejenigen Menschen aus, die deutsch sprachen. Umgekehrt war dadurch für sie die Beschäftigung mit der deutschen Sprache durch und durch politisch.

Das zeigte sich exemplarisch an der Geschichte ihres Wörterbuchs, das es in dieser Form noch nie gab. Es war bezeichnend, dass sich zwei Privatleute im privaten Auftrag an die Arbeit daran machten, auch weil es keinen deutschen Nationalstaat gab. So versteht es sich aber auch, dass nach dem Tod Jacob Grimms das Werk schließlich von staatlicher Seite weitergeführt wurde, nämlich von der „Preußischen Akademie der Wissenschaften", und das mit großem Aufwand. Schließlich war 1871 tatsächlich das mächtige Deutsche Kaiserreich entstanden, das sich und seine Bürger auch über die deutsche Sprache definierte. Über Jahrzehnte forschten Dutzende Mitarbeiter in Arbeitsgruppen zu den einzelnen Wörtern. Sie stellten immer mehr zusammen und verfassten immer längere Artikel dazu. Dann kamen die Verheerungen der beiden Weltkriege, wirtschaftliche Not und politische Einflussnahmen. Erst 1961 wurde das *Wörterbuch* fertiggestellt, als letztes deutsches Gemeinschaftsprojekt in der BRD und DDR, und zwar mit dem 32. Band. Dabei war jeder Band zu seinem Erscheinen auch immer schon überholt, weil wieder neue

Quellen und Erkenntnisse vorlagen. So erging es bereits Jacob Grimm. Auch er überarbeitete sofort die Bände, die von ihm und seinem Bruder erschienen waren. Tatsächlich machte man sich nach der Fertigstellung gleich daran, die noch von den Grimms stammenden Teile von A–F neu zu bearbeiten, was aber auch erst 2012 abgeschlossen sein sollte.

Wer einmal den *Grimm* komplett vor sich gesehen hat, diese vielen Bände mit einem Gewicht von 84 kg, kann etwas erahnen von der Arbeit und dem Leben der beiden forschenden Brüder – und er erkennt, wie sich die Zeiten gewandelt haben. Heute ließe sich gar nicht mehr vorstellen, dass man mit einem solchen Werk so arbeiten würde wie noch bis zum Ende des 20. Jahrhunderts: Man las es nicht am Bildschirm, sondern stand auf, ging am Regal die Meter an Bänden ab und griff sich den Band mit dem gewünschten Wort. *Online* wird aber das *Wörterbuch* weiterleben, wie es Jacob Grimm vorhergesagt hatte: „In fünfzig oder hundert Jahren wird man mich nachlesen." Zwar können nun noch mehr Menschen das *Wörterbuch* lesen, nur besteht daran kaum noch Interesse, auch nicht daran, den Rest des *Grimm* von G–Z neu zu bearbeiten. Das allerdings ist auch wieder ein Ausdruck dafür, wie sich die Politik gewandelt hat.

Erster Band des *Grimm*: Der Engel hält eine leuchtende Fackel und eine Tafel mit den ersten Worten des Johannesevangeliums.

Unendliche Arbeit

Uns bleibt als Lebensaufgabe das *Wörterbuch*. Um uns die Arbeit daran übersichtlicher zu machen, haben wir verabredet, dass ich zuerst das A, B und C übernehme. Weil Wilhelm manchmal der Überblick fehlt, kann ich erst einmal die Richtung vorgeben, die präzise eingehalten werden muss. Ein wenig enttäuscht es mich allerdings, dass Wilhelm nur das D übernimmt. Aber ich muss doch Rücksicht auf ihn nehmen, um ihn nicht zu überfordern. Ich weiß, dass es ihn ermüdet, zu genau und auf den Punkt zu arbeiten. Ihm fehlt dabei eine gewisse anhaltende Schärfe. Leider bleibt bei dieser Arbeit wenig Raum für Fantasie. Es sind keine Ausschweifungen erlaubt. Insgeheim hätte ich mir gewünscht, Wilhelm würde auch das E übernehmen oder wenigstens die Hälfte davon, bis zu „el", womit ihm die Vielzahl an Wörtern wie „empfangen" und „entdecken" erspart geblieben wäre. Aber hoffentlich kommt er mit dem D doch auf den Geschmack und wird dann etwa das G übernehmen, wo wegen des „ge"-Vorwörtchens die Anzahl der Wörter im Vergleich beschränkt ist.

1854 ist dann das Jahr, in dem wir uns wieder auf das Erscheinen eines Buches freuen, als hätten wir nicht schon Dutzende veröffentlicht. Da bekommen wir frisch aus der Druckerei das erste Exemplar des ersten Bandes unseres *Wörterbuchs*, und zwar beginnend beim Buchstaben A bis zum Wort „Biermolke". Während ich den Band wie etwas Heiliges in den Händen halte, lächelt Wilhelm eher gequält. Ich muss ein wenig auf ihn achtgeben. Ihn macht die Arbeit daran etwas trübsinnig. Er sagt, er müsse sich dabei anstrengen wie ein Soldat, der täglich mit dem Gewehr in der Hand fünf oder sechs Stunden exerzieren muss. Deswegen halte ich mich inzwischen aus seiner Arbeit tunlichst heraus und schiebe ihm höchstens Zettel zu, auf denen weitere Anregungen stehen oder Hinweise auf Fehler von ihm. Aber auch das hilft ihm kaum aus seiner Schwermut.

Als Wilhelm endlich mit dem D fertig ist, mache ich ihm eine besondere Freude und begleite ihn auf einem seiner geliebten Spaziergänge durch den Tiergarten. Dabei reden wir einmal Klartext: Unser beider Leben reicht für die Vollendung nicht. Nach allem, was wir bisher für die Buchstaben A, B, C und D geschrieben haben, bleiben uns noch gegen 13.000 eng gedruckte Spalten oder nach Weise unseres Manuskripts 25.000 Seiten eigenhändig zu schreiben. Fürwahr eine abschreckende Aussicht! Aber auch eine Aufgabe! Denn ist die Arbeit am Wort nicht unser Leben? Als ich das frage, merke ich, dass Wilhelm nicht mehr neben mir geht. Er schließt müde lächelnd zu mir auf.

Ganz überraschend macht uns aber jemand anders einen Strich durch die Rechnung. Im Dezember 1859 geht das Leben meines Bruders plötzlich zu Ende. Sein tapferes Herz ist doch stark bis zum Schluss, nur hat sich an seinem Rücken ein Geschwür gebildet, das sich durch viele Schnitte des Arztes entzündet hat. Sein Sterben dauert qualvoll lange. Ich gehe danach oft in seine

Arbeitsstube, wo er noch lange aufgebahrt liegt, und betrachte ihn genau. Nun bleibt alle Arbeit an mir hängen und ich nutze wenigstens die Gelegenheit und richte Wilhelms Zimmer mit gro-ßer Liebe zu meiner Bibliothek her. Inzwischen ist das ein großer Schatz geworden, von dem ich hoffe, dass ihn nach meinem ei-genen Tod niemand auseinanderreißt. Viele Bücher, die mir am Herzen liegen, habe ich besonders schön eingebunden, auch in dunkelroten Samt. Sie sind meine Kinder. Ich kann auch im Dun-keln jedes Buch ergreifen ohne Irrtum.

Was mich am Leben hält, ist das *Wörterbuch*. Inzwischen bin ich schon weit beim F angekommen. Es fasziniert mich, wie dieser Laut stimmlos wie ein leichter Wind über die Lippen streicht. Leider ist er im Deutschen nicht genau definiert, weil ihn oft das V ersetzt, besonders im Niederdeutschen. Dabei freue ich mich schon auf das G, wenn ich damit sozusagen von den Lippen in den Hals vordringen kann.

Natürlich stellt sich die Frage, ob ich das Werk nicht zu meinen Lebzeiten abtreten sollte, weil es eigentlich die Kräfte eines Einzelnen weit übersteigt. Mir wird das auch immer wieder vorgeschlagen. Aber ich kann nicht anders, als es als mein Werk, als unser Werk zu betrachten, solange ich lebe. Es ist meine Bestimmung und mein Schicksal. Jeden Tag wartet neu der Schreibtisch auf mich, den ich nur verlasse, um zu essen, hin und wieder ein Stück spazieren zu gehen und zu schlafen. Ich liege dann oft wach im Bett und träume von der schönen Jugendzeit, als alles im Leben noch so übersichtlich eingerichtet war.

Am liebsten lese ich in den *Märchen* und hole das von Wilhelm zuletzt darin Gearbeitete nach.

Die Bedeutung der Brüder Grimm

Jacob Grimm saß bis zum Schluss tief gebeugt an seinem Schreibtisch und arbeitete nicht nur an dem *Deutschen Wörterbuch*. Er brachte es noch bis zum Wort „Frucht" und es ist beinahe eine gespenstische Vorstellung, wie weit er noch damit gekommen wäre: in welcher körperlichen und geistigen Verfassung. Auch mit der letzten verbliebenen Kraft hätte er die Unmenge seiner Zettel bearbeitet, um wieder bis zum nächsten Buchstaben vorzudringen. So traf ihn am 19. September 1863 ein Schlaganfall, der ihm auch die Zunge lähmte, ehe er aber schon am nächsten Tag starb. Wie es sich nicht anders vorstellen ließ, begrub man Jacob auf seinen Wunsch neben seinem Bruder Wilhelm – ein Sinnbild für ihr Leben, das sie wie Mann und Frau geteilt hatten.

Man kann sich kaum vorstellen, bis in welche Tiefen oder Untiefen der Sprache die Brüder Grimm vorgedrungen waren. Besonders durch die Erforschung der deutschen Sprache und Literatur strebten sie danach, zu einem Nationalbewusstsein beizutragen. Deswegen versuchten sie, jeden Text und noch jedes Wort möglichst bis zu seinen Ursprüngen zurückzuverfolgen, sogar bis in die Zeit der alten Germanen und noch weiter. Diese Art sprachlicher Kleinkrämerei haben freilich schon ihre Zeitgenossen verspottet wie August Wilhelm Schlegel (1767–1845), selbst ein bedeutender Sprachwissenschaftler. Er kennzeichnete ihre Arbeit als „Ehrfurcht vor dem Trödel".

Trotzdem brauchte es gerade solche Persönlichkeiten wie Wilhelm und Jacob Grimm, um eine solche gewaltige Wort-Arbeit zu leisten. Auf dem Weg hin zur deutschen Einheit verlangte die Zeit danach. Das Ergebnis war die Germanistik, die Erforschung der deutschen Sprache und Literatur. Was von den Brüdern Grimm immer bleiben wird, sind ihre *Märchen.* Auch wenn sie ursprünglich anders gemeint waren, nämlich auf das deutsche Volk gemünzt, gehören sie heute tatsächlich zur Weltliteratur. Sie werden weiter die Fantasie nicht nur der Kinder beflügeln. Und man muss wirklich von den Märchen der Brüder Grimm sprechen, eigentlich von denen des Wilhelm Grimm. Denn er war es, der überhaupt erst den bestimmten Ton fand, den die *Märchen* ausmachen. Damit schuf er etwas Neues und Einzigartiges. Wer heute gefragt wird, was Märchen sind, kann gar nicht anders, als zu sagen: „So wie die von den Brüdern Grimm."

Jacob Grimms Antrittsvorlesung in Göttingen am 28. Mai 1830. Federzeichnung von Ludwig Emil Grimm

Glossar

Aderlass	*Bis in die Neuzeit eine der klassischen medizinischen Behandlungsmethoden: Nach dem antiken Arzt Galen (129–ca. 216) glaubte man, dass sich im Körper des Kranken zu viel oder schlechtes Blut angesammelt hätte. Das wurde daher in oft großer Menge abgelassen. Der Aderlass schwächte den Kranken jedoch und führte nicht selten zum Tode.*
Arnim, Achim von (1781–1831)	*Als Schriftsteller einer der bedeutendsten Vertreter der deutschen Romantik. Mit seinem Freund Clemens Brentano gab er* Des Knaben Wunderhorn *heraus, eine Sammlung von vermeintlich alten deutschen Liedern, die das Vorbild für die Märchensammlung der Brüder Grimm war.*
Bonaparte, Jérôme (1784–1860)	*Jüngster Bruder von Napoleon Bonaparte, der ihn wie seine anderen Geschwister als Herrscher über von ihm eroberte Gebiete einsetzte, in diesem Fall über das neu gegründete Königreich Westfalen*
Bonaparte, Napoleon (1769–1821)	*Einer der bedeutendsten Herrscher Frankreichs, der das Land aus der Verteidigungshaltung der Revolutionskriege führte und sich mit freiheitlichen Versprechungen zur Eroberung ganz Europas aufmachte. Das ließ die meisten der rückständigen Herrschaftssysteme zusammenbrechen und beschleunigte die Entwicklung hin zur heutigen modernen Gesellschaft.*
Brentano, Clemens (1778–1842)	*Bedeutender Dichter der Romantik, der mit Arnim* Des Knaben Wunderhorn *herausbrachte*
Demission	*Rücktritt von einem Amt*
deutsche Schreibschrift	*War weit bis ins 20. Jahrhundert die gebräuchliche, private Schrift im deutschsprachigen Raum. Sie unterschied sich von der heutigen „lateinischen"*

	Schrift, weil die Zeichen verschnörkelter und oft auch anders waren. Das Wort „Märchen" etwa würde man damit so schreiben: *Märchen*.
Diplomatie	Außenpolitischer Dienst zur Durchsetzung von Staatsinteressen
Friedrich Wilhelm IV. (1795–1861)	Galt als liberal und feinsinnig, verteidigte aber als preußischer König dann doch den absoluten Machtanspruch seines Herrscherhauses und seines Landes
Goethe, Johann Wolfgang von (1749–1832)	Bedeutendster deutscher Dichter, dem Wilhelm Grimm die Werke der mittelhochdeutschen Literatur näherzubringen versuchte
Gotisch	Untergegangene germanische Sprache, von der es die ältesten schriftlichen Unterlagen gibt und die daher wichtig für die Sprachforschung ist
Grimm, Ludwig Emil (1790–1863)	Der sogenannte Malerbruder der Grimms, der viele der bekanntesten Bilder der Märchen und der ganzen grimmschen Familie schuf
Hassenpflug, Ludwig (1794–1862)	Ehemann der einzigen Grimm-Schwester Charlotte. Als Anhänger der Monarchie bekämpfte er entschieden alle demokratischen und rechtsstaatlichen Entwicklungen und wurde einer der verhasstesten Politiker seiner Zeit.
Der von Kürenberg (vor 1200)	Über die Person des Kürenbergers ist nichts bekannt. Er war einer der Ersten, der zu seiner Zeit auf Deutsch dichtete. Das „Falkenlied" ist eines der bekanntesten Minnelieder. Es handelt vom Abschiedsschmerz. Die wörtliche Übersetzung lautet:

Ich zog mir einen Falken auf, länger als ein Jahr.
Da ich ihn gezähmt hatte, so wie ich ihn haben wollte,
und ich ihm sein Gefieder mit Gold gut umwunden hatte,
hob er sich hoch hinauf und flog in andere Länder.

Später sah ich den Falken schön fliegen,
er führte an seinem Fuß seidene Riemen,
und sein Gefieder war ganz rotgolden.
Gott führe die zusammen, die gerne einander lieben wollen!

Legationssekretär	*Noch heute gebräuchliche Bezeichnung für den Vertreter eines Staates in auswärtigen Angelegenheiten*
Minnelieder	*Literarische Kunstform, in der die deutsche Sprache, das Mittelhochdeutsche, ihren ersten Höhepunkt erreichte. Die hohe Minne war im Mittelalter des 12. und 13. Jahrhunderts die höchste Form der Verehrung des Ritters für die adelige Dame und ein besonderer Ausdruck unerfüllter Liebe.*
Reformiert	*Bezeichnung für eine christliche Glaubensrichtung, die auf die Schweizer Reformatoren Ulrich Zwingli (1484–1531) und Johannes Calvin (1509–1564) zurückgeht und die Bibel als Maß aller Dinge nimmt. Daraus folgt eine sehr strenge, wenig sinnenfreudige Lebenseinstellung.*
Runge, Philipp Otto (1777–1810)	*Einer der bedeutendsten Maler der Romantik, der in seinen Bildern Natur und Religion miteinander verbinden wollte. Das von ihm aufgezeichnete Märchen* Von dem Fischer un siner Fru *sahen die Brüder Grimm als Urtyp für ihre Märchensammlung.*
Savigny, Friedrich Karl von (1779–1861)	*Einer der bedeutendsten deutschen Juristen. Er betrachtete das Recht und seine Anwendung nicht als an sich gültig, sondern versuchte, es anhand seiner geschichtlichen und sozialen Entwicklung zu verstehen und anzuwenden. Das nahmen die Brüder Grimm als Vorbild für die Erforschung der Sprache.*
Schröpfen	*Dabei werden bestimmte Gläser, in denen mit Feuer ein Unterdruck erzeugt wird, auf die Haut gesetzt, um vermeintlich Krankheiten aus dem Körper zu ziehen. Dies kann auch blutig geschehen, indem vorher die entsprechende Hautstelle eingeritzt wird.*
Taler	*Alte Währungseinheit, die bis auf den Süden in fast allen deutschen Ländern verbreitet war; in Preußen als Reichstaler gültig bis zur Gründung des*

Deutschen Reiches 1871. Der Taler war eingeteilt in 24 Groschen, ab 1821 in 30. Für einen Taler konnte man zu Zeiten der Grimms zwölf Kilogramm Brot oder ein Paar Schuhe kaufen, wobei ein einfacher Handwerksmeister 200 Taler im Jahr verdiente. Grob gerechnet kämen heute auf einen Taler 100 Euro.

Tresse Bis heute vor allem im Militär verwendetes Schmuckstück an der Uniform. Sie besteht aus einem Streifen Stoff mit eingewebten Metallfäden und ist meist ein Rangabzeichen.

Zensur Mittel zur Unterdrückung der Meinungsfreiheit, was sich zu Zeiten der Grimms auf Drucksachen bezog. Die mussten vor dem Druck einer staatlichen Kontrolle vorgelegt werden. Bestimmte Bücher durften erst gar nicht gedruckt werden. Dem Kampf dagegen galt die Pressefreiheit.

Zeittafel – Das Leben der Brüder Grimm

1798 Jacob und Wilhelm gehen nach Kassel zur Schule.

1785 Jacob geboren

1786 Wilhelm geboren

1791 Die Familie zieht nach Steinau.

1802/3 Jacob und Wilhelm gehen nach Marburg auf die Universität.

1796 Der Vater stirbt.

1806 Jacob beginnt seine Arbeit im Staatsdienst.

1806 **Ende des Heiligen Römischen Reiches. Niederlage Preußens gegen Napoleon in der Schlacht von Jena und Auerstedt**

1813 **Entscheidende Niederlage Napoleons in der Völkerschlacht bei Leipzig**

1808 Die Mutter stirbt.

1814 Wilhelm beginnt seine Arbeit im Staatsdienst.

1812 Der erste Band der *Kinder- und Hausmärchen* erscheint.

1814/15 Jacob arbeitet als Diplomat in Paris und Wien.

1812 **Untergang der französischen Armee im Russlandfeldzug**

1815 **Letzte verlorene Schlacht Napoleons bei Waterloo**

1822 Die Schwester heiratet und verlässt den Haushalt.

1829 Die Brüder werden an die Göttinger Universität berufen.

1830 **Übergreifen der französischen Juli-Revolution auf Deutschland: Einführung erster Landesverfassungen**

1837 Die Brüder werden in Göttingen wegen eines Protestschreibens entlassen und gehen zurück nach Kassel.

1825 Wilhelm heiratet.

1841 Die Brüder werden an die Berliner Universität berufen.

1848 Übergreifen der französischen Februar-Revolution auf Deutschland: Einberufung der Nationalversammlung in Frankfurt/M., des ersten deutschen Parlaments. Erscheinen des *Kommunistischen Manifests* von Marx und Engels

1854 Der erste Band des *Deutschen Wörterbuchs* erscheint.

1859 Wilhelm stirbt.

1848 Jacob wird Abgeordneter in der Nationalversammlung.

1863 Jacob stirbt.

1871 Gründung des Deutschen Reiches

Inhalt – Das Leben der Brüder Grimm

Eine heile Welt | 6

Die paradiesische Zeit | 14

Lernen und Lernen | 22

Die Entdeckung der alten Poesie | 28

Sammeln und Sammeln | 36

Die Märchen und viel mehr | 46

Die Zeiten, wenig märchenhaft | 54

Einsame Forscher in Rastlosigkeit | 62

Viel Glück und so viel Trauer | 70

Auszug aus der Heimat | 79

Zufrieden und doch nicht | 88

Unendliche Arbeit | 94

Inhalt – Sachkapitel

Die Brüder Grimm | 5

Vom Ursprung der Märchen | 12

Geordnete Verhältnisse | 19

Art und Aussehen der Brüder Grimm | 26

Die französische Herrschaft in Europa | 34

Geschichten aus dem Volk? | 43

Der Märchenton | 52

Der Siegeszug der Märchen | 60

Der Kampf ums Wort | 68

Die Kritik an den Märchen | 75

Die Politik der Brüder Grimm | 85

Die deutsche Sprache als Buch | 92

Die Bedeutung der Brüder Grimm | 98

Glossar | 100

Zeittafel | 104

Leseliste

Hans-Georg Schede: Die Brüder Grimm. München 2004
(solide, übersichtliche Lebensbeschreibung; illustriert)

Brüder Grimm: Kinder- und Hausmärchen (Hrsg. Heinz Rölleke).
3 Bde., Stuttgart 2007
(Text der Ausgabe letzter Hand von 1857. Unter den vielen
heutigen Ausgaben vielleicht die vollständigste; mit umfang-
reichen Anmerkungen)

Brüder Grimm: Kinder- und Hausmärchen
http://www.zeno.org/Literatur/M/Grimm,+Jacob+und+Wilhelm/
Märchen/Kinder-+und+Hausmärchen+(1812-15)
(Grimms Märchen digitalisiert in den Fassungen der Erstausgaben
von 1812/15)

Quellennachweise

Bpk: S. 4 (rechts oben), 19, 27, 44, 60, 61, 93, 99; bpk / Nationalgalerie, SMB / Andres Kilger: S. 4 (links oben); bpk / Hermann Biow: S. 4 (rechts unten); bpk / Kupferstichkabinett, SMB / Volker-H. Schneider: S. 4 (Mitte und links unten); akg-images: S. 4 (Mitte oben), 13, 20, 76, 86

MIX
Papier aus verantwor-
tungsvollen Quellen
FSC® C022125

1. Auflage 2012
© Arena Verlag GmbH, Würzburg 2012
Alle Rechte vorbehalten
Lektorat: Paula Peretti
Coverillustration: Joachim Knappe
Innenillustrationen: Klaus Puth
Satz: Claudia Böhme nach einer Gestaltung und Typografie von knaus.
büro für konzeptionelle und visuelle identitäten, Würzburg
Gesamtherstellung: Westermann Druck Zwickau GmbH
ISBN 978-3-401-06775-9

www.arena-verlag.de

ARENA BIBLIOTHEK DES WISSENS
Lebendige Biographien

978-3-401-05994-5

978-3-401-06218-1

978-3-401-06646-2

Eine Auswahl weiterer Titel der Reihe „Lebendige Biographien":

Luca Novelli
Edison und die Erfindung des Lichts
ISBN 978-3-401-05587-9

Luca Novelli
Mendel und die Antwort der Erbsen
ISBN 978-3-401-06182-5

Luca Novelli
Archimedes und der Hebel der Welt
ISBN 978-3-401-05744-6

Andreas Venzke
Luther und die Macht des Wortes
ISBN 978-3-401-06041-5

Luca Novelli
Einstein und die Zeitmaschinen
ISBN 978-3-401-05743-9

Luca Novelli
Marie Curie und das Rätsel der Atome
ISBN 978-3-401-06214-3

Andreas Venzke
Humboldt und die wahre
Entdeckung Amerikas
ISBN 978-3-401-06217-4

Andreas Venzke
Gutenberg und das Geheimnis
der Schwarzen Kunst
ISBN 978-3-401-06180-1

Arena

Jeder Band:
Klappenbroschur.
www.arena-verlag.de